BASTEI
LÜBBE

Über den Autor:

Eigel Wiese lebt als freier Journalist und Schriftsteller in Hamburg. Am liebsten hat er Schiffsplanken unter den Füßen; wenn er doch mal am Schreibtisch sitzen muss, beschäftigt er sich meist mit Schiffen. Sein Beruf als Reporter führte ihn in über 50 Länder auf allen Kontinenten. Bisher sind mehr als ein Dutzend maritimer Bücher von ihm erschienen. Dazu gehören *Männer und Schiffe vor Kap Horn* und *Sklavenschiffe*.

Eigel Wiese

DAS GEISTERSCHIFF

Die wahre Geschichte der Mary Celeste

BASTEI LÜBBE

BASTEI LÜBBE TASCHENBUCH
Band 64195

1. Auflage: September 2003

Vollständige Taschenbuchausgabe

Bastei Lübbe Taschenbücher ist ein Imprint
der Verlagsgruppe Lübbe

Lizenzausgabe: Verlagsgruppe Lübbe GmbH & Co. KG,
Bergisch Gladbach
Lektorat: Imke Sörensen
Einbandgestaltung: Guido Klütsch, Köln
Titelbild: AKG, Berlin
Gemälde von C.C. Friedrich, Abend am Ostseestrand, 1831 und
Christopher Rave, Dreimastbarke »Charybdia«, Detail, 19. Jh.
Satz: H & G Herstellung, Hamburg
Druck und Verarbeitung: Clausen & Bosse, Leck
Printed in Germany
ISBN 3-404-64195-7

Sie finden uns im Internet unter
http//www.luebbe.de

Der Preis dieses Bandes versteht sich einschließlich
der gesetzlichen Mehrwertsteuer.

Inhalt

Das Rätsel des Geisterschiffs

Den Augenblick der Geburt einer unsterblich gewordenen Legende kann man manchmal auf die Minute genau festlegen. Im Fall der MARY CELESTE sogar den Ort. Die geheimnisvolle Geschichte begann am 5. Dezember 1872, kurz nach 13.00 Uhr auf der Position 38 Grad 20 Minuten Nord, 17 Grad 15 Minuten West. Oder für jene, die nicht erst im Atlas nachschlagen wollen, etwa auf halber Strecke zwischen den Azoren und Gibraltar. Es ist eine Geschichte, die alles Zeug zu einem guten Thriller hat: Sie handelt von einem auf hoher See herrenlos aufgefundenen seetüchtigen Schiff, das noch dazu den Ruf hatte, vom Unglück verfolgt zu sein, von einer verschwundenen Besatzung, juristischen Winkelzügen, falschen Anklagen und spektakulären Lügen. Sie könnte glattweg ein gut gesponnenes Seemannsgarn aus einer Hafenkneipe sein, das ein Seemann mit allen Details erzählt, damit seine Zuhörer möglichst eine weitere Runde spendieren, um auch noch den Rest zu hören. Doch diese

Geschichte ist wahr, sie wurde sogar schon als das größte Seegeheimnis aller Zeiten bezeichnet. Denn eines hatte sie lange Zeit nicht – einen Schluß, eine Auflösung, eine Erklärung der rätselhaften Vorfälle. Lange enthielt jede der unzähligen aufgestellten Hypothesen nicht auszuräumende Widersprüche. Bis heute führt das ungeklärte Schicksal der MARY CELESTE zu immer neuen Spekulationen. Dabei gibt es so viele Fakten. Und wenn man die genau auswertet, findet man auch nach fast 130 Jahren noch eine glaubwürdige Erklärung.

Es begann mit der ganz alltäglichen Begegnung zweier Segelschiffe auf dem Nordatlantik. Die amerikanische Brigg DEI GRATIA (Gott sei Dank) war seit drei Wochen unterwegs auf dem Weg von New York nach Gibraltar mit einer Ladung Petroleum. In fünf Tagen hoffte man in der britischen Kronkolonie festmachen zu können. Mittags um zwölf hatte wie üblich die Wache gewechselt, jetzt stand der Matrose John Johnsen am Steuerrad auf dem Achterschiff, noch hinter dem Großmast und dem niedrigen Deckshaus. Das vom leichten Seegang etwas schaukelnde Rund der Kompaßrose zeigte den Kurs: 110 Grad. Der Wind kam, wie so oft in dieser Region und zu dieser Jahreszeit, von Norden. Er fiel also etwas achterlich in die an beiden Masten gesetzten Rahsegel. So machte das Schiff gute Fahrt und war leicht zu steuern.

Etwa eine Stunde später machte der Rudergänger backbord voraus in einer Entfernung von sechs Seemeilen ein anderes Schiff aus, das westlichen Kurs steuerte, ihnen also in etwa entgegenkam. Er meldete dem Zweiten Maat John Wright seine Beobachtung, und der befahl eine Kursänderung, um sich dem Schiff zu nähern. Noch war an Bord der Dei Gratia niemand besonders neugierig geworden, geschweige denn, jemand hätte etwas Beunruhigendes beobachtet. Sie fuhren einfach näher, weil in jenen Zeiten ohne Funkgeräte jede Begegnung auf See genutzt wurde, um Nachrichten auszutauschen. Immerhin war die Dei Gratia schon drei Wochen unterwegs, während man bei seinem derzeitigen Kurs darauf schließen konnte, daß der andere Segler aus Europa kam, also erst eine runde Woche auf See war. So könnte man mit Flaggensignalen Neuigkeiten aus denjenigen Häfen erfahren, die das andere Schiff kürzlich angelaufen hatte. Bei ruhigem Wind und geringem Seegang wie an diesem Dezembertag konnte man sich vielleicht sogar so nahe kommen, daß eine laut gerufene Unterhaltung möglich war. Dann hätte auch die Besatzung etwas von dieser Begegnung, könnte sich mit ihresgleichen auf dem anderen Schiff unterhalten, nach Bekannten und Vorkommnissen fragen, während bei größerer Entfernung über die Flaggensignale nur Angelegenheiten der Kapitäne übermittelt wurden.

Noch war alles Routine. John Johnsen luvte einige Grad an, steuerte das Schiff also etwas höher gegen den Wind, und die Wache braßte die Segel leicht an, damit sie auch bei diesem Kurs optimal standen. Stutzig wurden Rudergänger und Zweiter Maat der Dei Gratia erst, als sie bis auf ein paar Meilen an den anderen Segler herangekommen waren. Er hatte leichte Schlagseite, fuhr im Zickzack, hatte nicht alle Segel gesetzt, und ein Teil der Segel war zerfetzt. Aus dem Kurs schlossen die erfahrenen Seeleute sofort, daß dieses Schiff steuerlos dem Spiel von Wind und Wellen ausgeliefert war. Dafür konnte es nur zwei Gründe geben – entweder war die Ruderanlage gebrochen und die Mannschaft hatte es noch nicht geschafft, ein Ersatzruder zu bauen. Oder es stand niemand am Ruder, weil die Mannschaft krank, vielleicht sogar tot war.

John Wright ließ David Reed Morehouse, den Kapitän der Brigg, benachrichtigen, der kurze Zeit später an Deck erschien. Noch waren sie zu weit entfernt, um das Namensschild des anderen Schiffes zu erkennen, doch Kapitän Morehouse genügte ein Blick durch sein Fernrohr, um auch so zu sehen, daß es sich um die MARY CELESTE handelte, einen Segler, dem sie noch vor ein paar Wochen in New York begegnet waren. Seeleute waren damals und sind auch heute noch in der Lage, aus Eigenarten der Rumpfform, der Farbgebung oder der Takelage ein Schiff einwandfrei zu identifizieren, selbst heute in Zeiten der eigentlich fast uniform wirkenden Containerschiffe. Es ist nun einmal ihre Welt.

Kapitän Morehouse hatte noch vor wenigen Wochen in New York mit Benjamin Spooner Briggs, dem Kapitän der MARY CELESTE, zusammengesessen. Manche meinten später, sie seien befreundet gewesen. Aber es war wohl eher die kollegiale Verbindung zwischen zwei Kapitänen, die ihre wenigen freien Stunden in einem Hafen dazu nutzten, sich mit einem im Range Gleichgestellten zu unterhalten, Neuigkeiten über Häfen, Wetter und Fahrwasser auszutauschen, aber auch private Gespräche zu führen. Denn ein Kapitän an Bord seines Schiffes auf See war ein einsamer Mensch. Der hierarchische Abstand zu seiner Mannschaft war so groß, daß er allein in seinem Salon aß, höchstens der Erste Maat leistete ihm Gesellschaft. Aber selbst der Abstand zwischen diesen beiden verbot jedes persönliche Gespräch, jede private Äußerung. So etwas wäre von der Mannschaft geradezu als Herablassung empfunden worden. Deshalb gingen Kapitäne bei ihrem Landgang auch nicht in die üblichen Seemannskneipen, sondern trafen sich in Lokalen der besseren Sorte an sogenannten Captains Tables.

Dem Kapitän der DEI GRATIA war sofort klar, daß auf der MARY CELESTE ein Unglück passiert sein mußte. Denn er kannte seinen Kollegen Briggs als einen ausgezeichneten Seemann, der sein Schiff niemals in diesem Zustand hätte segeln lassen. Betrunken konnte die Mannschaft auch nicht sein, denn Kapitän Briggs war streng religiös, ein überzeugter Puritaner, der selbst keinen Tropfen Alkohol trank und es auch seiner Mannschaft verbot. Dabei wirkte er keineswegs sauertöpfisch. Mit seinen leicht gelockten Haaren, dem gepflegten Bart und den freundlich blickenden Augen trat er in seiner selbstbewußten Art wie ein Mann auf, in dessen Leben alles zum Besten geregelt ist. Briggs wurde allgemein als guter Seemann geschätzt und war beliebt. Von jenen, die ihn wirklich kannten, wurde er als aufrechter Christ und intelligenter, aktiver Schiffsführer beschrieben.

Morehouse machte sich Sorgen. Denn an Bord der MARY CELESTE befanden sich seines Wissens nicht nur die siebenköpfige Mannschaft und ihr Kapitän, sondern auch Sarah Elizabeth Briggs, die Ehefrau des Kapitäns, mit ihrer zweijährigen Tochter Sophia Mathilda. Die DEI GRATIA kam jedoch nur langsam näher, es war, als wäre die See zähflüssig. Morehouse ließ mit Signalflaggen ein Begrüßungssignal setzen, wie es zwischen Schiffen auf hoher See üblich ist. Mit einem weiteren Signal fragte er an, ob das Schiff Hilfe benötigte. Doch beides wurde von der MARY CELESTE nicht beantwortet.

Gegen 15.00 Uhr endlich hatten sie sich der MARY CELESTE so weit genähert, daß Kapitän Morehouse den Befehl gab, die Segel aufzugeien, also mit Hilfe der Geitaue und Gordinge, die man von Deck aus bedienen konnte, unter die Rahen zu ziehen. So boten sie keinen Windwiderstand mehr, das Schiff verlor an Fahrt. Es war ein übliches Manöver, wenn nur vorübergehend Winddruck aus den Segeln genommen werden sollte. Zuerst holte die Mannschaft die Oberbram- und Bramsegel auf, barg den Außenklüver. Dann wiederholte sie das Manöver mit Marssegel, Klüver und Briggsegel. Bauchig und vom Wind gebeutelt, hingen die hochgezogenen Segel unter den Rahen. Zum richtigen Bergen müßte die Mannschaft anschließend eigentlich aufentern, in die Segel greifen, die Leinwand auf die Rah legen und sie dort, ordentlich eingerollt und sturmsicher, festmachen. Kapitän Morehouse aber ließ sie so hängen, falls er sie für ein plötzliches Segelmanöver brauchen würde, könnten sie schnell wieder gesetzt sein. Die verbliebenen Segel ließ der Kapitän backbrassen, also gegen den Wind stellen, damit das Schiff seine Fahrt vollends verlor.

Danach standen alle Männer an der Reling und schauten zu dem Schiff hinüber, das ihnen langsam doch etwas unheimlich vorkam. Sogar die Freiwache war aus dem Logis an Deck gekommen, was sonst, außer sonntags, streng verboten war. Selbst der Koch hatte seine Kombüse verlassen. In dieser Situation jedoch achtete keiner der Offiziere darauf. An Deck der MARY CELESTE war keine

Menschenseele zu sehen, nicht einmal durchs Fernrohr. Niemand stand am Ruder, das sich frei drehte, wenn der Wind das Schiff wieder einmal auf den anderen Bug drückte. Morehouse ließ mehrfach hinüberrufen, doch auch daraufhin regte sich nichts.

Später konnte sich keiner der Beteiligten mehr daran erinnern, wer den Vorschlag machte, ein Boot auszusetzen und zu dem anderen Schiff hinüberzurudern. Auf jeden Fall fiel die Aufgabe dem Ersten Maat Oliver Deveau zu. Er wählte den Zweiten Maat John Wright und den Matrosen John Johnsen als Begleiter aus. Das Meer war bewegt, doch der Wind flaute ab. Die drei Männer brachten das Boot an der Leeseite der DEI GRATIA zu Wasser, ihre Muskeln spannten sich, sie legten sich kräftig in die Riemen und hatten in der leichten See die paar hundert Meter Distanz schnell überwunden. Das kleine Boot legte an der MARY CELESTE an. Die beiden Offiziere hatten erhebliche Mühe, an Bord zu klettern. Es ist schon bei einem ruhig liegenden Schiff nicht einfach, ohne herabgelassene Leinen oder Jakobsleiter eine hohe und glatte Bordwand aufzuentern. Hier war es besonders schwierig, weil die Brigantine unaufhörlich in der bewegten See hin und her gierte und das kleine Boot von jeder heranlaufenden Welle hochgehoben wurde, bevor es wieder in ein Wellental sackte. Aber indem sie sich gegenseitig halfen, schafften es die beiden Offiziere, an Bord zu kommen. Der Matrose sollte sicherheitshalber im Boot bleiben.

Beide Seeleute hatten damit gerechnet, Kranke oder Tote an Bord zu finden, doch das, was sie wirklich sahen, entsetzte sie fast noch mehr: Auf dem Deck war keine Menschenseele, niemand reagierte auf ihr Rufen. Immer

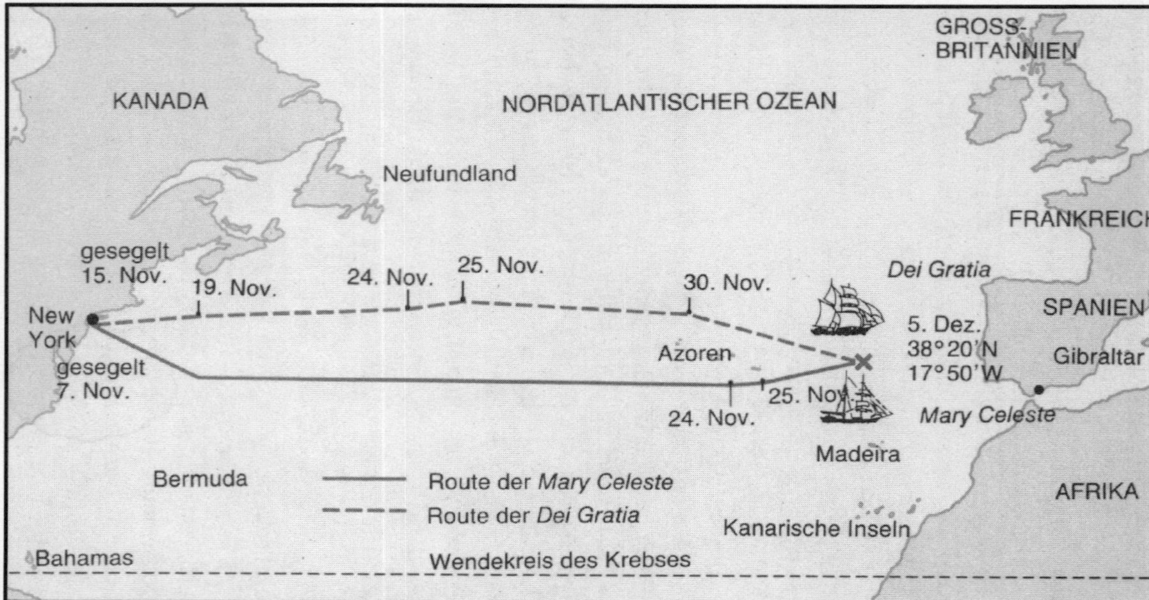

Die Routen, die die Dei Gratia und die Mary Celeste im November und Dezember 1872 einschlugen. Das X markiert den Punkt, an dem die Besatzung der Dei Gratia das herrenlose Segelschiff entdeckte.

noch rechneten sie damit, schwache Hilferufe von entkräfteten Seeleuten zu hören. Aber es blieb gespenstisch still. Und was noch unheimlicher war – es gab keinen erkennbaren Grund, aus dem das Schiff verlassen worden war. Nirgendwo fanden sich Spuren von Gewaltanwendung oder andere schwerwiegende Schäden, wie sie etwa ein Unwetter verursacht haben könnte. Die Männer schauten nach oben in die Takelage. Das stehende Gut war völlig intakt, nur das laufende Gut war teilweise gerissen oder aus den Blöcken gerauscht. Das Royal- und das Bramsegel, die beiden obersten Segel am Fockmast, waren geborgen, das Obermarssegel und die Fock aus den Lieken gerissen, das Untermarssegel schlecht entfaltet. Am Klüverbaum war der Außenklüver geborgen, Vorstengestagsegel und Klüver waren einwandfrei gesetzt. Von den drei Stagsegeln hatten sich Großstengestag- und Großmittelstagsegel ineinander verwickelt, das Großstagsegel war eingeholt und an Deck gelegt worden. Am Großmast waren das Großsegel und das Gaffeltopsegel eingeholt worden. Die Schoten dieser Segel waren zerrissen. Die Segel am Fockmast waren so angebraßt, daß der Wind von Steuerbord einfallen sollte. Wie sich später herausstellte, war dies derselbe Trimm wie am Abend des 24. November. Deveau registrierte alle Einzelheiten, denn sie würden einmal wichtig sein, um später zu erklären, weshalb das unbeschädigte und seetüchtige Schiff so plötzlich und ohne erkennbaren Grund aufgegeben worden war.

Trotz der zerfetzten Segel hatten erfahrene Seeleute wie Deveau und Wright, die schon so manchen heftigen Sturm durchlebt hatten, schlimmere Bilder gesehen.

Das Steuerrad war nicht festgelascht. Deveau drehte es und stellte fest, das Ruder war voll funktionsfähig.

Auf dem Deck war kein Beiboot zu finden, es hätte normalerweise auf dem Hauptluk liegen müssen. Auch in den Davits am Heck hing kein Beiboot. Die mittlere und größte, auch als Hauptluk bezeichnete Ladeluke war dicht verschalkt, die Achterluke stand offen. Die hölzernen Deckel, mit denen sie abgedeckt gewesen war, hatte die Besatzung ordentlich neben der Reling verstaut. Merkwürdig war nur der Zustand der vorderen Luke. Der Deckel lag steuerbordseitig einen Meter entfernt mit der Öffnung nach oben an Deck. Das erstaunte die Offiziere, so hätte kaum ein Seemann den Deckel abgelegt. Denn ein damals durchaus noch lebendiger Aberglaube besagte, wenn man einen Lukendeckel gewissermaßen kopfüber dreht, dann würde während der Reise das ganze Schiff kopfüber gehen, also kentern. Außerdem war es eine unnötige Kraftanstrengung, einen Lukendeckel umzudrehen, anstatt ihn mit der Öffnung nach unten direkt neben das Luk zu legen. Denn um ihn wieder aufzusetzen, hätte man ihn erneut drehen müssen. Deveau und Wright sagten später aus, sie hätten den Eindruck gehabt, das Luk sei gewaltsam von innen geöffnet oder sogar herausgeschleudert worden. Dieser Punkt sollte später bei der Suche nach den Ursachen für den seltsamen Vorfall noch eine wichtige Rolle spielen. Den einzig wirklich schwerwiegenden Schaden machten die beiden Seeleute auf dem Achterdeck am Steuerstand aus. Die Kompaßsäule war umgestürzt, das Glas des Kompaßgehäuses zerbrochen und das ganze Instrument unbrauchbar geworden.

Nach der ersten Inspektion an Deck wagten sich Deveau und Wright vorsichtig den Niedergang hinunter in die Räume unter Deck. Langsam nahmen sie Stufe für Stufe, zuckten bei jedem Knacken zusammen und spähten in das Halbdunkel der inneren Räume. Noch immer waren sie darauf gefaßt, Tote oder Kranke zu finden. Doch auch hier war alles menschenleer.

Im Laderaum stand Wasser, im Vorschiff reichte es bis zum Mastschuh, offenbar war es durch die offenen Luken eingedrungen. In der Nähe des Pumpenschwengels für die Lenzpumpe lag ein Senklot mit seiner dünnen Leine, das dazu diente, den Wasserstand in der Bilge zu messen. Deveau ließ das Lot herab und stellte fest, daß das Wasser im Pumpenraum einen Meter tief stand. »Das ist nicht viel für ein hölzernes Schiff, das seit neun Tagen nicht mehr lenzgepumpt worden ist«, sagte er dazu später bei der Untersuchung in Gibraltar aus.

Die Ladung war in gutem Zustand, ordentlich gestaut, offenkundig nicht verrutscht und ohne jede oberflächlich sichtbare Beschädigung. Die Trinkwasserbehälter waren nicht mehr verstöpselt, sie wirkten, als wären sie verschoben worden, waren aber noch ausreichend gefüllt. Das Wasser erwies sich als genießbar. Im Vorratsraum neben der Kombüse lagen ausreichend Nahrungsmittel für mehrere Wochen, sie waren einwandfrei gelagert und ohne Einschränkungen genießbar, wie sich später noch herausstellte.

In der Messe, den Kammern der Offiziere und der Kombüse schwappte das Wasser etwa 30 Zentimeter tief. Die Oberlichter dieser Räume waren geöffnet. Die Kojen waren nicht gemacht, das Bettzeug lag noch unordentlich von der Nacht. In einer durchnäßten Koje war der Körperabdruck eines Kindes zu erkennen, das hier zuletzt geschlafen hatte.

In der Kammer des Ersten Offiziers lag das Werkzeug des Schiffszimmermannes.

Im Salon des Kapitäns fand Deveau einen großen Koffer voller Frauenkleider, einen gut bestückten Nähbeutel und eine Reihe religiöser Bücher. Der Kassenschrank war verschlossen, er wies keine Anzeichen von Gewaltanwendung auf. Als er später in Gibraltar im Auftrag der Gerichtsbehörden geöffnet wurde, enthielt er noch alle Wertgegenstände, die im Register des Kapitäns aufgeführt waren. Die über dem Sofa hängende Uhr war stehengeblieben, Deveau notierte allerdings nicht, zu welcher Zeit.

Unter der Koje des Kapitäns entdeckte Deveau einen Kurzsäbel, der in seiner Scheide steckte. Er zog ihn kurz heraus, konnte aber an der Klinge außer einigen Flecken, die er für Rost hielt, nichts Besonderes sehen und schob ihn in die Scheide zurück, bevor er ihn wieder an seinen Platz legte.

An den Schlafplätzen der Mannschaft lagen Pfeifen, Tabaksbeutel und persönliche Gegenstände, sogar Stiefel und wetterfeste Kleidung, alles Dinge, die jeder Seemann mitgenommen hätte, wenn er mit einigermaßen klaren Gedanken und planmäßig das Schiff verlassen hätte. Spätestens hier festigte sich bei beiden Schiffsoffizieren der Eindruck, die Mannschaft sei in heller Panik geflüchtet.

Auf dem Tisch in der Messe waren noch Schlingerleisten angebracht, die verhindern sollten, daß bei Seegang Geschirr vom Tisch rutschte, das Geschirr war jedoch schon abgeräumt worden. Statt dessen lag dort eine in der Mitte zusammengefaltete Seekarte mit dem eingezeichneten Kurs bis zum 24. November. Auf der daneben liegenden Logtafel, einer Schiefertafel, auf der Kursberechnungen notiert wurden, die wie üblich später in das Logbuch eingetragen werden sollten, fanden sich Standortberechnungen. Daraus ergab sich, daß die letzte Positionsbestimmung am 25. November um acht Uhr früh vorgenommen worden war. Da stand die MARY CELESTE auf der Position 37° 01' Nord, 25° 01' West. Also etwa sechs Meilen nordwestlich der Azoreninsel Santa Maria, deren Ostspitze als Landmarke bei der Positionsbestimmung auch angepeilt worden war.

Deveau sah sich die Aufzeichnungen aufmerksam an und entdeckte, daß die MARY CELESTE am 24. November die Inselgruppe der Azoren weitgehend hinter sich gelassen hatte. Nur noch die Inseln São Miguel, 110 Meilen nordöstlich, und Santa Maria, 110 Meilen östlich, lagen vor ihr. Bis 19 Uhr lief das Schiff mit acht Knoten Fahrt, dann hatte der westliche Wind weiter aufgefrischt und eine Abkühlung gebracht. Das Schiff beschleunigte auf knapp zehn Knoten. Als um 20.00 Uhr die Wache wechselte, hatte Kapitän Briggs befohlen, Royal- und Bramsegel zu bergen, denn die Insel Santa Maria, die sie erwartungsgemäß nicht allzuweit entfernt passieren würden, hatte kein Leuchtfeuer. Briggs wollte also offensichtlich nicht zu viel Fahrt im Schiff haben, um Zeit zum Manövrieren zu finden, wenn der Ausguck die Insel sichten würde. Gegen Mitternacht hatte der Zweite Offizier eingetragen: »8 Knoten, Kurs Ost, Wind West, Wetter Regen.« Bis zum nächsten Wachwechsel um vier Uhr früh blieben Wind und Geschwindigkeit unverändert. Eine Stunde später wurde die Insel Santa Maria ost-südöstlich in einer Entfernung von rund sechs Seemeilen gesichtet und die Peilung auf der Tafel notiert.

Deveau verglich die Notizen mit der Position der DEI GRATIA und zog seine Schlußfolgerungen. Danach war die MARY CELESTE wohl am 25. November zwischen acht und zwölf Uhr aufgegeben worden und seither steuerlos 378 Meilen mit einer Geschwindigkeit von zwei bis drei Knoten weiter Richtung Gibraltar gelaufen, also auf östlichem Kurs. Vorstenge-Stagsegel und Klüver hatten das Schiff daran gehindert, in den Wind zu drehen, wie es normalerweise bei einem Schonersegel geschieht. Erst kurz vor der Begegnung der beiden Schiffe muß drehender Wind die MARY CELESTE dann wieder auf westlichen Kurs gedrückt haben, so daß der Rudergänger der DEI GRATIA den Eindruck hatte, das Schiff segle ihnen entgegen. Vielleicht war dies erst am Morgen des 5. Dezember geschehen.

Sosehr die Offiziere auch suchten, nirgendwo entdeckten sie Sextant und Chronometer, die wesentlichen Navigationsinstrumente des Schiffes. Sie schienen mitgenommen worden zu sein, ebenso wie einige wichtige Schiffspapiere.

Vor dem Seegericht in Gibraltar meinte Oliver Deveau später: »Das Schiff war in einem so guten Zustand, daß es eine Weltreise hätte machen können.«

Während die beiden Offiziere das Schiff durchsuchten, hörten sie nur das regelmäßige Klatschen von Wellen gegen den Rumpf, das Schlagen loser Blöcke und Schoten und das Knarren der Takelage. Und sie hörten das Poltern ihrer eigenen Seestiefel auf den Planken, was sich auf dem verlassenen Schiff besonders unheimlich anhörte. Nach gut einer Stunde kletterten Deveau und Wright wieder von Bord und gaben Johnson den Befehl, sie zur DEI GRATIA zurückzurudern, die sich währenddessen mit einigen Manövern ihrer Stagsegel immer in der Nähe gehalten hatte.

Die Mannschaft der DEI GRATIA stand an der Reling und versuchte aus den Gesichtern der beiden Offiziere abzulesen, was sie drüben gefunden hatten. Doch auch als das Beiboot festgemacht worden war, sagten die beiden kein Wort, verschwanden mit Kapitän Morehouse in dessen Kajüte und berichteten erst dort in allen Einzelheiten. Danach beratschlagten sie, was mit dem seetüchtigen, aber herrenlosen Schiff geschehen sollte. Es war zu groß, um von einem Segler wie der DEI GRATIA bis nach Gibraltar geschleppt zu werden. Oliver Deveau hatte die Idee, selbst an Bord der MARY CELESTE zu gehen, zwei Matrosen mitzunehmen, das Schiff wieder seeklar zu machen und nach Gibraltar zu segeln. Kapitän Morehouse zögerte. Seine Mannschaft bestand aus den notwendigsten Händen, er konnte eigentlich keinen Mann entbehren. Und bis Gibraltar war es noch etwa eine Woche, da konnte viel passieren. Auf der anderen Seite lockte der Bergelohn für ein ganzes Schiff samt Ladung, der ihnen nach dem Seerecht zustand. Die Aussicht auf einige tausend Pfund zusätzlicher Einnahme schien seine Bedenken schließlich überwogen zu haben, denn Morehouse willigte in den Plan ein. Er wies Deveau aber an, die beiden Schiffe immer in Sichtweite zueinander segeln zu lassen, damit sie sich notfalls gegenseitig helfen konnten. Mit drei Mann war ein Schiff wie die MARY CELESTE hoffnungslos unterbesetzt. Es würde ein schweres Stück Arbeit werden, sie wieder herzurichten und bis nach Gibraltar zu segeln.

Oliver Deveau wählte die beiden Matrosen Augustus Anderson und Charles Lund aus, er nahm seinen eigenen Sextanten, seinen Chronometer sowie ein Barometer und ließ sich mit der kleinen Crew wieder an Bord der MARY CELESTE rudern. Das verlassene Schiff erschien den drei Männern nicht besonders unheimlich, sie hatten sich auch nicht mit Lebensmitteln versorgt, sondern wollten sich aus den Vorräten des Schiffes bedienen. Um 16.30 Uhr waren sie wieder auf der MARY CELESTE und begannen sofort mit den Instandsetzungsarbeiten. Danach setzten sie notdürftig erste Segel und nahmen Kurs auf Gibraltar. Der noch immer aus Norden wehende Wind, der bei diesem Kurs leicht achterlich einfiel, half ihnen dabei. Denn noch war das Schiff nicht wieder so weit hergestellt, daß es aufkreuzen konnte. Um 21.00 Uhr war nach stundenlangem Pumpen das Wasser aus dem Laderaum, der Messe, dem Logis und der Kombüse gelenzt. Es dauerte aber noch drei Tage, bis die kleine Mannschaft alle zerrissenen Segel ausgewechselt und die Schoten erneuert hatte. Nun war die MARY CELESTE endlich wieder in seetüchtigem Zustand.

Bis zum 11. Dezember segelten beide Schiffe nebeneinander her, dann trennte sie ein nächtlicher Sturm. Voller Sorge hielten die Seeleute der DEI GRATIA vom nächsten Morgengrauen an immer wieder Ausschau nach der MARY CELESTE. Würden nur drei Seeleute es schaffen, das Schiff in den sicheren Hafen von Gibraltar zu bringen? Hatten sie den Sturm auch sicher überstanden? Schwamm die MARY CELESTE überhaupt noch? Der Sturm war zwar nicht allzuschwer gewesen, aber mit drei Mann war das Schiff in einer ernsten Situation hoffnungslos unterbesetzt. Mehr als einmal bereute Kapitän Morehouse, seine Einwilligung zur Bergung des Schiffs gegeben zu haben. Sie durften aber nicht nur zurück zur MARY CELESTE, sondern mußten auch vorwärts schauen, denn die DEI GRATIA segelte in einem nicht minder schwierigen Fahrwasser und hatte ebenfalls eine reduzierte Besatzung.

Sie hatten zwar, wie im Winter üblich, oft westliche Winde, wurden also auf das europäische Festland zugetrieben. Trotzdem mußten sie sehr auf der Hut sein und die Wasseroberfläche beobachten, um Winddrehungen rechtzeitig zu erkennen. Denn hier, vor der iberischen Halbinsel, herrschen fast das ganze Jahr über wechselnde Winde, je näher man unter Land kommt.

Eine weitere Gefahr beim Ansteuern von Gibraltar sind starke Gezeitenströme an dieser engsten Stelle zwischen Europa und Afrika, zwischen dem Atlantik und dem Mittelmeer. Wenn der Wind gegen die jeweilige Tide steht, bauen sich hohe Seen auf. Die Seeleute der DEI GRATIA waren daher froh, endlich das Licht des Leuchtturms an der Punta de Europa auszumachen, das ihnen die Ansteuerung des Hafens von Gibraltar erleichterte. Die Engländer, die seit 1704 die nur knapp fünf Kilometer lange Landzunge mit dem markanten Affenfelsen beherrschten, hatten den 19 Meter hohen Turm auf den höchsten Felsen gebaut, so daß sein Feuer aus 49 Meter Höhe über die See schien und das erste war, was Seeleute nach einer langen Atlantiküberquerung von Europa sahen. Dieser Turm war nicht nur eine wichtige Navigationshilfe beim Landfall, sondern auch ein weithin sichtbares Symbol britischer Seemacht. Es war sicherlich kein Zufall, daß zu seiner Grundsteinlegung nicht nur hoher königlicher Besuch, sondern auch Zehntausende Schaulustige anreisten.

Die DEI GRATIA drehte nach Norden und bekam inmitten der ständig wechselnden Windverhältnisse der runden Bucht von Algeciras unter Land noch einmal Probleme. Die kleine Mannschaft mußte ständig die Segel brassen, um ihre Stellung an die veränderlichen Windrichtungen anzupassen. Es gab keine ruhige Minute auf dem unterbesetzten Segler, der wie alle Frachtsegler seiner Zeit über keinerlei Hilfsmaschine verfügte. Kapitän Morehouse und seine Mannschaft waren daher froh, als sie endlich die schützenden Molen vor dem Hafen von Gibraltar passiert hatten und in ruhigerem Fahrwasser segelten. Und sie fragten sich ständig: Wie würde die MARY CELESTE unter Oliver Deveau diese schwierige Strecke schaffen? Als die Sonne sank, war das Schiff noch immer nicht in Gibraltar eingetroffen, und besorgt erkundigte sich Kapitän Morehouse bei anderen Schiffen, die kurz zuvor Gibraltar aus Richtung Westen erreicht hatten, ob sie die Brigantine gesichtet hatten. Aber kein einziges Schiff war ihr begegnet. Morehouse' Fragen aber machten andere Kapitäne neugierig, und so waren sie die ersten, die von dem seltsamen verlassenen Schiff hörten.

Auch die Mannschaft berichtete an Land von ihrem rätselhaften Fund auf hoher See, und so verbreitete sich wie ein Lauffeuer in der Kronkolonie das Gerücht von einem »Geisterschiff«, das demnächst im Hafen erwartet wurde. Wenn es überhaupt noch kam.

Das Unglücksschiff

Kapitän Morehouse und seine Besatzung reagierten erleichtert, als die Mary Celeste Gibraltar am nächsten Morgen erreichte – an einem Freitag, dem 13. Die Seeleute fingen an zu raunen; nicht nur auf der Dei Gratia. Das war doch ein weiteres Omen, bei diesem Segler handelte es sich wahrlich um ein Unglücksschiff! Schon seit Tagen hatten die Männer der Dei Gratia sich gegenseitig erzählt, was der Küstenklatsch über dieses Schiff zu berichten wußte. Und auch in den Hafenkneipen der britischen Kronkolonie bot sein seltsames Auffinden endlosen Gesprächsstoff.

Die Mary Celeste schien tatsächlich das Unglück anzuziehen wie ein Magnet die Eisenspäne. Sie war 1860 in der Werft von Joshua Dewis in der Fundy-Bucht auf Spencer's Island an der Westküste Neuschottlands gebaut worden. Dort oben an der kanadischen Ostküste wußte man starke und seetüchtige Schiffe zu bauen. Schließlich gibt es in der Bucht mit 20 Metern den stärksten Tidenhub der Welt, verbunden mit den entsprechen-

den Strömungen. Aber die Seefahrt lohnt sich, denn nicht weit vor der Küste in Richtung Osten liegen die fischreichen Neufundlandbänke. Neufundlandschoner sind in Fachkreisen noch heute für ihre Seetüchtigkeit bekannt. Der Bau dieser schönen und starken Schiffe brachte im 19. Jahrhundert einigen Wohlstand auf die Inseln.

Der generell gute Ruf der Werften mag Grund genug für den aus Schottland stammenden Robert McLellan gewesen sein, den Neubau-Auftrag an eine Werft dieser Region zu vergeben, obgleich es überhaupt der erste Auftrag für das neu gegründete und noch unbekannte Schiffbauunternehmen war. Der Neubau wurde etwas mehr als 30 Meter lang und knapp acht Meter breit. Getakelt war er nicht als Brigg, also mit Rahsegeln an beiden Masten, sondern mit einem Schonersegel am achteren Mast. Seeleute hatten zu jener Zeit festgestellt, daß ein vollständig rahgetakelter Achtermast zwar mehr Segelfläche führte, ein Schiff jedoch kaum schneller machte. Mit einem Schonersegel ist ein Schiff aber leichter zu segeln und läßt sich mit einer geringeren Besatzung bedienen. Außerdem ist ein schonergetakelter Mast in der Werft leichter aufzuriggen, also preisgünstiger, und er trägt weniger Gewicht. Denn eine einzelne Rah auf einem Segler wie diesem kann schon einmal bis zu einer Tonne wiegen. Heute bezeichnet man ein solches Schiff als Brigantine oder Schonerbrigg, den Seeleuten der damaligen Zeit war diese Takelung noch neu und ungewohnt, sie sprachen von einer Hermaphrodit-Brigg. Ein solches Schiff, das vorn Rahsegler und achtern Schoner war, kam ihnen offenbar so vor, als sei es weder Männchen noch Weibchen.

Die Arbeit der jungen Werft überzeugte, es wurde das erste von insgesamt 27 Schiffen ähnlichen Typs. Aber schließlich war ja auch nicht mangelnde Seetüchtigkeit dem Segler immer wieder zum Verhängnis geworden, sondern eine unerklärliche Serie von Unglücksfällen. Sie begann kurz nach dem Stapellauf im Juni 1861, bei dem er auf den Namen AMAZON getauft worden war. Am 10. Juni 1861 wurde er in Parrsboro, einer kleinen Stadt am Minas Basin, jenem Fjord, der sich von der Bay of Fundy tief ins Landesinnere erstreckt, als »Half-brigg« ins Schiffsregister eingetragen. 48 Stunden später erkrankte der Auftraggeber McLellan und starb. So übernahm Kapitän John Nutting Parker das Kommando der Jungfernfahrt, während der die AMAZON vor der Küste von Maine in ein Fischwehr geriet. Die Reuse riß ein Loch in den Rumpf, der Segler mußte zurück ins Dock.

Die AMAZON wurde 1860 in einer Werft an der Westküste Neuschottlands gebaut, ein paar Jahre später wurde das Schiff auf den Namen MARY CELESTE umgetauft.

Während der Reparaturarbeiten brach in der Werft ein Feuer aus, es griff auf die AMAZON über und zerstörte Teile ihres Decks. Unter einem neuen Kapitän lief das Schiff zu seiner ersten Atlantiküberquerung aus, während der es keine weiteren Zwischenfälle gab. Bis zur Straße von Dover. Dort kollidierte die Brigantine mit einer Brigg, die Brigg sank, die AMAZON konnte ihre Reise zwar fortsetzen, aber nur bis ins nächste Dock. Auf der Rückfahrt hatte der Segler schon wieder einen neuen Kapitän, der ihn über den Atlantik zurückführte. Bis zur Cow Bay von Cap Breton Island in Neuschottland. Dort lief das Schiff auf Grund. Nach der Reparatur ging es durch zwei bis drei weitere Hände, lief 1867 an derselben Stelle Neuschottlands noch einmal auf Grund und mußte wieder in die Werft. Diesmal war der Rumpf so stark beschädigt worden, daß Fachleute zunächst nicht glaubten, ihn reparieren zu können. Doch der Kaufmann Alexander Mac Bean ging das Wagnis ein, er kaufte das Wrack und ließ es wieder herrichten. Dann aber konnte er die Reparaturarbeiten nicht bezahlen, das Schiff wurde gepfändet. Am 31. Dezember 1868 kaufte Richard W. Haines es für 1700 Dollar, bezahlte 8825 Dollar für Reparaturen und einen Umbau. Dabei erhielt das Schiff ein Zwischendeck und wurde so verändert, daß es anschließend mit 282 Bruttoregistertonnen in das Schiffsregister eingetragen wurde. Außerdem wurde der Rumpf mit Kupferplatten beschlagen. Manche Quellen behaupten deshalb, der hölzerne Rumpf des Schiffes sei schon rott gewesen. Doch Kupferbeschläge waren zu jener Zeit üblich, weil sie auf niedere Pflanzen und Tiere, also etwa Muscheln, Algen und die gefürchteten Schiffsbohrwürmer, giftig wirkten und sich auf Kupferplatten deshalb kaum Bewuchs ansetzte. Als erstes Schiff war 1761 die britische 32-Kanonen-Fregatte ALARM mit kupfernen Platten beschlagen worden. Selbst Antifouling-Anstriche moderner Yachten und Seeschiffe enthielten bis in unsere Tage Kupferbestandteile, bis man aus Gründen des Umweltschutzes giftfreie Farben entwickelte, die denselben Effekt haben.

Seeleute, nicht nur jene auf der DEI GRATIA, waren sich einig, daß die Verkettung der vielen unglücklichen Umstände kein Zufall sein konnte, es mußte sich um ein Unglücksschiff handeln. Und sie munkelten, es würde mit ihm noch ein böses Ende nehmen. Ein weiteres Gerücht kursierte unter Seeleuten: Das beim Stapellauf damals noch übliche Schiffs-Horoskop soll so schlecht gewesen sein, daß der Astrologe John Bates sich geweigert habe, der Einladung zum Stapellauf zu folgen. Wochenlang soll der sternenkundige Mann sich bemüht haben, den Auftraggeber zu einer Verschiebung des Stapellaufes zu bewegen. Er wiederholte immer wieder, der gewählte Zeitpunkt sei so ungünstig, daß die AMAZON jedem, der auf ihr fuhr, nur Unglück bringen würde. Aber es scheint, daß der Auftraggeber des Horoskopes selbst nicht so recht an Astrologie glaubte und sich damit nur an ein altes Ritual gehalten hatte. Schließlich würde ja auch niemand darauf verzichten, auf einem Schiff anzuheuern, nur weil bei dessen Stapellauf die obligatorische Flasche Sekt nicht gleich beim ersten Wurf zerschellt ist, auch wenn es unzählige Geschichten darüber gibt, wie es solchen Schiffen später einmal ergangen ist.

Aberglaube, besonders auf See, ist bis heute nicht auszurotten, obgleich wir viele Phänomene naturwissenschaftlich erklären können. Im 19. Jahrhundert aber war Aberglaube noch erheblich weiter verbreitet. Gerade auf See. Denn zu der Zeit wußte noch niemand, was sich in den Tiefen der Ozeane wirklich verbirgt. Auch das wird bei den damaligen Erklärungsversuchen mit ihren zum Teil abenteuerlichen Hypothesen zum Auffinden des mannschaftslosen Schiffes noch eine wichtige Rolle spielen.

Vielleicht hatte die AMAZON tatsächlich damals unter Seeleuten bereits einen so schlechten Ruf, daß an der kanadischen Ostküste gar keine Mannschaft mehr für sie zu finden war. Es ist zwar heute nicht mehr zu belegen, aber die Vermutung liegt nahe. Das Schiff wurde am 13. Oktober 1869 nach New York verkauft, an das Reederkonsortium J. H. Winchester & Co., zu dem Kapitän James Winchester und seine Teilhaber Sylvester Goodwin und Daniel Sampson gehörten. Sie ließen es ins US-Schiffsregister eintragen.

Die neuen Eigner gaben dem Schiff gleich einen neuen Namen, vielleicht, um die Unglücksserie von ihm abzuwenden. Zwar bringt es nach einem alten Seemannsaberglauben ebenfalls Unglück, ein Schiff umzutaufen, aber möglicherweise waren die neuen Besitzer viel zu nüchtern rechnende Unternehmer, um selbst abergläubisch zu sein. Was jedoch half es, wenn man keine Mannschaft fand, weil niemand mehr auf dem »Unglücksschiff AMAZON« fahren wollte? Ein entsprechender Ausspruch von Kapitän Winchester ist tatsächlich nach der Unglücksfahrt von 1872 überliefert: »Nun wird kein gottesfürchtiger Mensch mehr auf der MARY CELESTE anheuern.«

Sogar beim Umbenennen des Schiffes hat sich die Pechsträhne fortgesetzt. Der französischstämmige Maler, der den Auftrag erhalten hatte, ein Namensschild für die MARY SELLARS zu schnitzen, soll diesen angeblich falsch verstanden und so die englisch-französische Namenskombination aufgepinselt haben.

Aufbruch ins Verhängnis

Wenn Oliver Deveau und seine beiden Matrosen gehofft hatten, sie würden bei ihrer Ankunft in Gibraltar als Helden gefeiert, weil sie mit einer so kleinen Mannschaft ein herrenlos aufgefundenes Schiff sicher in den Hafen gebracht hatten, dann wurden sie gründlich getäuscht. Zwei Stunden später schon stellte Thomas J. Vecchio vom British Vice-Admiraly Court die Mary Celeste unter Arrest. Die drei Seeleute hatten sich für Vernehmungen zur Verfügung zu halten. Drei Tage später wurde die Preisgabe der Mary Celeste in Lloyd's List eingetragen, allerdings mit einer merkwürdigen Verwechslung – der Segler wurde als österreichisch bezeichnet.

Schon am Nachmittag des 13. Dezember 1872 hatte der *Gibraltar Chronicle* eine Meldung über die Mary Celeste veröffentlicht. Sie war kurz und beschrieb nur die Position, an der das Schiff aufgefunden worden war, schilderte, wie der Erste Offizier der Dei Gratia mit zwei Matrosen das Schiff eingebracht hatte und daß an

Bord weibliche Kleidungsstücke gefunden worden waren. Den Bericht übernahm die britische Zeitung *Liverpool Mercury*, sie schmückte ihn allerdings mit einigen phantasievollen Details aus, um die Story noch spannender zu machen. Demnach sollte auf dem Tisch des Kapitäns eine Rolle mit weißem Nähgarn gelegen und ein Fläschchen mit Nähmaschinenöl gestanden haben. Beide Gegenstände seien nicht heruntergefallen oder vom Tisch gerollt. Damit wollte man Lesern den Eindruck vermitteln, die See sei die ganze Zeit über glatt wie ein Spiegel gewesen. Was jedoch anhand der Logbucheintragungen und der Wetteraufzeichnungen von Stationen auf den Azoren widerlegt ist. Das war nur die erste vieler Ausschmückungen. Spätere Berichterstatter fügten zahllose weitere frei erfundene Einzelheiten hinzu. Da war von Kaffee die Rede, der noch in Bechern auf dem Tisch dampfte, von einem Essen, das auf dem Herd kochte, und einer Katze, die in einer Ecke schlief. Als sei das Verschwinden der Besatzung nicht auch ohne diese Dreingaben rätselhaft genug.

Eine erste Verhandlung vor dem britischen Admiralitätsgericht war für den 18. Dezember 1872 angesetzt. Den Vorsitz führte Sir James Cockrane, der Präsident des Gerichtshofes. Gegenstand der Verhandlung war ein Antrag von Kapitän Morehouse, der im Namen seiner Reeder, seiner Offiziere und der Mannschaft Bergelohn gefordert hatte.

Es war kein Problem, Kapitän James Winchester als Vertreter der Eigner in New York vom Auffinden seines Schiffes zu benachrichtigen. Immerhin gab es seit 1858 ein erstes, allerdings noch unzuverlässiges Telegraphiekabel zwischen der Neuen und der Alten Welt. 1866 war es sogar gelungen, eine dauerhafte Verbindung herzustellen. Winchester nahm den nächsten erreichbaren Dampfer und reiste nach Gibraltar, um seine Interessen in dem Verfahren zu vertreten, das sich bis in den März 1873 hinzog.

Winchester inspizierte kurz nach seiner Ankunft in Gibraltar die MARY CELESTE und machte eine neue Entdekkung. Auf der Schiefertafel, die auf dem Tisch in der Messe gelegen hatte, machte er eine kleine Inschrift aus, die mit einem Nagel oder Metallgriffel eingeritzt worden war: »Fanny my dear wife. Frances M. R.« Diese eingeritzte Schrift fand sich unter den anderen, mit Kreide beschriebenen Notizen der letzten Ortsbestimmung vom 25. November 1873, acht Uhr morgens. Auf Befragen sagte Deveau, er habe diese Inschrift vorher nie gesehen: »Ich habe aber auf der Tafel selbst Berechnungen vorgenommen. Vielleicht habe ich die kleine Schrift dabei verwischt oder mit einem Griffel überschrieben.«

Waren diese eingeritzten Worte ein letzter Gedanke, den der Erste Maat Albert G. Richardson seiner Frau Frances mitteilen wollte, die er Fanny nannte? Sollte es der Beginn einer Botschaft sein, die er unter den ersten Anzeichen eines unerklärlichen Ereignisses niedergeschrieben hatte und die dann plötzlich wegen einer drohenden Gefahr unterbrochen werden mußte? Hing sie überhaupt mit dem mysteriösen Verlassen des Schiffes zusammen?

Außer seiner möglicherweise wichtigen Entdeckung auf der Schiefertafel konnte Winchester wichtige Angaben zur Liegezeit des Schiffes in New York, zur Ladung und zur Ausreise machen. So formte sich erstmals ein Bild der bislang letzten Reise der MARY CELESTE aus der Perspektive der Besitzer und Befrachter. Briefe, die an Bord geschrieben und unmittelbar vor dem Auslaufen abgeschickt worden waren, gaben zudem Aufschluß über die Stimmung kurz vor dem Ablegen. Kapitän Winchester, der bis zum Loswerfen der Leinen an Bord war, konnte auch die letzten Stunden im Hafen schildern.

Ende September 1872 hatte die MARY CELESTE an Pier 44 am East River von New York festgemacht. Zahlreiche andere Schiffe hatten dort dicht nebeneinander mit dem Bug zum Land gelegen, ihre Klüverbäume ragten weit über die Kaimauern. Davor lagen die mit Pferdefuhrwerken angelieferten Waren, aufgestapelt und bereit, von Stauern an Bord gebracht zu werden. In den Häusern gegenüber dem Hafenbecken fanden sich Schiffsausrüster, Segelmacher, Reeder, Händler von Navigationsinstrumenten und einige Hafenkneipen.

Es war ein imposantes Bild, die unterschiedlichsten Segler der damaligen Zeit dort im Hafen liegen zu sehen, ihre Bauarten miteinander vergleichen zu können und sich ein Bild davon zu machen, was für eine Persönlichkeit der Kapitän war. Dafür brauchte man den »master next God« gar nicht selbst zu sehen. Denn gute Kapitäne führten gepflegte Schiffe und hielten sehr auf das Äußere ihrer Mannschaften. Seeleute, die an den Kaimauern und unter den ausladenden Klüverbäumen entlangschlenderten, sahen sich die Segler besonders aufmerksam an. Sie erkannten schon am Äußeren eines Schiffes, wie das Leben an Bord sich für die Besatzung unterwegs gestalten wür-

Mitte des 19. Jahrhunderts war New York einer der bedeutendsten Häfen der Welt. Hier machten viele Handelsschiffe fest, um Ladung aufzunehmen oder zu löschen.

de. Und da Seeleute für Segelschiffe in den siebziger Jahren des 19. Jahrhunderts bereits Mangelware waren, konnten gute Matrosen sich durchaus ein Schiff ihrer Wahl suchen. Auf vielen Routen hatten Dampfer längst ihren Siegeszug angetreten und den Seglern die profitableren Ladungen abgejagt. Für Matrosen war das Leben auf einem Dampfer einfacher, die Arbeit weniger hart, die Unterkunft komfortabler, das Essen besser und die Heuer höher. Aber es gab doch immer noch Seeleute, die lieber auf einem Segler als auf einem Dampfer fuhren.

Mit erfahrenem Blick erkannten sie am Tiefgang des Schiffes und an der weniger steil ansteigenden Gangway, wie weit das Stauen der Ladung vorangeschritten war und wann das Schiff voraussichtlich auslaufen würde. Nach all diesen Beobachtungen entschieden sie, auf welchem Schiff es sich lohnte, an Bord zu gehen und beim Ersten Offizier »um Chance« nachzufragen.

Trafen Seeleute bei diesem Herumstreifen in den Häfen auf ihresgleichen, dann entspannen sich Unterhaltungen über die Schiffe. Dabei ging es vor allem darum, etwas über den Ruf eines Schiffes zu erfahren, das man in die engere Wahl gefaßt hatte. Einen Ruf erwarb ein Schiff sich über viele Reisen, er wurde von den Seeleuten geformt, die auf ihm gefahren waren und erlebt hatten, wie es sich im Seegang verhielt, ob es leicht oder schwierig zu steuern war, ja, es waren sogar Dinge wichtig, die man mit Schulweisheit und Seemannserfahrung nicht erklären konnte. Es wurden Zwischenfälle auf dem Schiff erwähnt, man überlegte, wie sie sich zugetragen hatten, die Details wurden lang und breit diskutiert. Seeleute konnten aus der Bauweise und den vielen Geschichten auf den Charakter eines Schiffes schließen. Damit schufen sie einen Ruf, der dem einer lebendigen Persönlichkeit gleichkam. Er konnte ein Schiff glorifizieren oder verderben. Schiffe mit einem guten Ruf hatten gute Mannschaften, auf Schiffen mit schlechtem Ruf wollte kaum jemand anheuern.

Das Kommando auf der MARY CELESTE hatte der bisherige Kapitän Rufus Fowler am 29. Oktober 1872 an Kapitän Benjamin Spooner Briggs übergeben. Briggs stammte aus Neuengland. Er war am 24. April

Der Erste Maat Albert G. Richardson

Kapitän Benjamin Spooner Briggs, Kapitän der MARY CELESTE

1835 in Wareham, Massachusetts, als zweiter von fünf Söhnen einer Seefahrerfamilie geboren worden. Der Vater war Kapitän, auch seine beiden Brüder übernahmen schon in jungen Jahren eigene Kommandos. Benjamin Briggs hatte bereits den Schoner FOREST KING, die Bark ARTHUR und die Brigg SEA FOAM kommandiert, als er Aktien an der MARY CELESTE im Wert von einem Drittel des Schiffes kaufte und sich als Kapitän zur Verfügung stellte.

Als Erster Maat war Albert G. Richardson an Bord. Er war Soldat im amerikanischen Bürgerkrieg gewesen. Auch Richardson war der Reederei besonders verbunden, hatte er doch eine Nichte des Reeders James H. Winchester geheiratet, und er war auch früher schon unter dem Kommando von Kapitän Briggs gefahren. Genau wie der

Kapitän galt er als vertrauenswürdiger und fähiger Seemann.

Der Zweite Maat Andrew Gilling war dänischer Abstammung, lebte aber in New York, wenn er nicht zur See fuhr, und hatte ebenfalls sowohl charakterlich als auch seemännisch einen guten Ruf. Der Koch und Steward Edward William Head lebte in Brooklyn.

Die vier Matrosen waren Deutsche. Die beiden Brüder Volkert und Boy Lorenzen stammten aus Utersum auf Föhr. Der 1842 geborene Volkert war mit Josine Henrike, einer geborenen Severinsen, verheiratet und hatte mit ihr eine Tochter. Sein vier Jahre jüngerer Bruder war verlobt. Die beiden Brüder sollen, kurz bevor sie auf der MARY CELESTE anheuerten, bei einem Schiffbruch all ihr Hab und Gut verloren haben. Vielleicht wollten sie mit dieser Heuer die Chance nutzen, wieder nach Europa zu kommen.

Der Matrose Arian Knud Martens aus Süddorf auf Amrum war 1837 als Sohn eines der letzten Amrumer Grönland-Kommandeure geboren worden. Die Grönlandfahrt hatte auf der Insel Tradition, sie diente dem Robbenschlag und Walfang. Nur die besten Seeleute konnten sich in diesem schwierigen Fahrtgebiet durchsetzen. Die Frau von Arian Knud Martens hieß Anna, war eine geborene Quedens-Bohn und hatte mit ihrem Mann zwei Kinder – die Töchter Caroline und Clara. Die jüngere war im Sommer 1872 geboren worden. Von der Familie leben noch heute Nachkommen auf den Inseln und umliegenden Halligen sowie in den USA.

Man muß bei solchen Familiengeschichten davon ausgehen, daß diese Matrosen schon früh mit der See vertraut waren und ihr Handwerk beherrschten.

Der vierte deutsche Matrose war als Gottliechs Goodschad in die Mannschaftsliste eingetragen worden. Wahrscheinlich aber handelt es sich um eine Verballhornung des Namens Gottlieb Gottschalk. Über seine Herkunft ist nichts bekannt.

Außer der Mannschaft war, wie bereits erwähnt, Sarah Elizabeth Briggs mit ihrer zweijährigen Tochter Sophia an Bord. Sie lebten eigentlich in Marion im US-Staat Massachusetts, einem kleinen Ort nordöstlich der Walfängerstadt New Bedford. Marion liegt in einer Bucht an der stark zergliederten Atlantikküste, wo es nur wenige Schritte bis zum Meer sind und man ständig sein Rauschen hört. Als Tochter eines Predigers namens Cobb, der zur Kongregationalistischen Kirche gehörte, war sie mit ihrer schönen Gesangsstimme ein beliebtes Mitglied im Kirchenchor des Ortes. Briggs und sie hatten am 9. September 1862 geheiratet, damals war er 27 Jahre, seine Frau 20 Jahre alt. Sie galt im Ort als praktische und vorbildliche Hausfrau. Ihre Haare trug sie in der Mitte gescheitelt und streng nach hinten zu einem Knoten gebunden. Doch genau wie ihr Mann hatte auch sie ein freundliches, oft lächelndes Gesicht. Bei der ersten Reise auf dem neuen Schiff ihres Mannes wollte sie dabeisein. Das war durchaus kein Einzelfall. Sosehr Seeleute sich eigentlich gegen »Weiberröcke« an Bord sperrten, weil sie nur Unruhe in die festgefügte Männerwelt eines Schiffes brachten, so sehr waren mitreisende Ehefrauen des Kapitäns willkommen. Sahen sie doch dem Koch beim Einkauf und der Zubereitung der Speisen auf die Finger, verstanden etwas von Krankenpflege und wirkten als ausgleichendes Element an Bord. Um während der langen Seereise nicht auf ihre geliebte Musik verzichten zu müssen, hatte sie ihren Mann gebeten, ein Harmonium an Bord bringen zu lassen.

Sarah Elizabeth Briggs reiste am 26. Oktober 1872 mit ihrer Tochter von Marion ab. Sie mußten etwa 50 Kilometer über Land bis nach Fall River fahren, erst dort gab es eine Schiffsverbindung nach New York, die durch den Long Island Sound führte. Am darauffolgenden Tag holte Kapitän Briggs Frau und Tochter an der Mole der Fall River Line ab. Noch am Abend desselben Tages, nachdem sie sich an Bord häuslich eingerichtet hatte, setzte sich Frau Briggs an den Kajütstisch und schrieb einen Brief an ihren siebenjährigen Sohn Arthur Stanley, der zu Hause bei den Großeltern geblieben war. Er konnte zu seinem Bedauern nicht mit auf die erste Fahrt seines Vaters auf dem neuen Schiff gehen, weil er schon die Schule besuchte.

Detailliert schrieb Sarah Elizabeth Briggs die bisherigen Erlebnisse auf, wohl damit der Sohn nicht allzuviel Sehnsucht empfand und vermutlich auch, weil sie nicht wußte, wann sie wieder eine Gelegenheit haben würde, einen Brief zur Post zu geben. Immerhin lag eine mehrwöchige Seereise vor ihr:

> *»Papa hat bei der Ankunft des kleinen Schiffes gewartet, dann hat er uns an Bord seiner Brigantine begleitet, der* MARY CELESTE. *Die kleine Sophia hat sich sofort für die Bordkatze interessiert, die in der Kajüte eingeschlossen war, damit sie sich nicht davonmachen konnte. Sophia hat sie Poo-uh Poo genannt.«*

Sarah Elizabeth Briggs, die Ehefrau des Kapitäns

Noch im New Yorker Hafen feierte Sophia Mathilda am 31. Oktober ihren zweiten Geburtstag. Die Mutter schrieb nach Hause:

»Du kannst Dir gar nicht vorstellen, wie glücklich sie war, als Papa ihr zwei Puppen, Sarah Jane und Daisy, gegeben hat. Ich habe beim Sonnenuntergang auf meinem Harmonium gespielt, dann habe ich die kleine Sophia mit ihren beiden Puppen ins Bett gebracht ...«

Am 2. November wurden 1701 robuste Roteichenholzfässer voller Alkohol an Bord gebracht. Sie kamen von der New Yorker Firma Meissner, Ackermann & Co. und waren für das Unternehmen Mascerenhas & Co. in Genua bestimmt. Welche Art Alkohol transportiert wurde, ist heute nicht mehr zweifelsfrei festzustellen. Es gibt Widersprüche. Zum einen sollte er angeblich dazu dienen, in Genua »italienischen Wein zu verbessern«, nach einer anderen Darstellung handelte es sich um vergällten Alkohol, der für den menschlichen Genuß unbrauchbar gemacht worden war. So wie es beispielsweise heute noch bei Brennspiritus üblich ist.

Die hölzernen Fässer wurden so gestaut, wie es damals üblich war: Sie lagen längsschiffs, mit dem Spundloch nach oben. Besonders die unterste Lage war gut mit Holzklötzen unterpallt. Man hatte mit einer Reihe Fässer entlang dem Kielschwein begonnen. Die daraufliegende Lage hatte man auf weiches Holz gelegt, damit sich die Faßbäuche nicht berührten und sich nicht gegenseitig leckschlugen.

Während der Ladearbeiten wurde das kleinere der beiden Beiboote des Seglers so schwer beschädigt, daß Kapitän Briggs anordnete, es an Land zu bringen. Er kümmerte sich in New York nicht mehr um ein neues Beiboot, sondern kündigte an, er werde sofort nach der Ankunft in Genua eines kaufen. An Bord der MARY CELESTE gab es während dieser Ausreise also nur ein Boot, mit dem sich die zehn Menschen im Notfall von Bord retten konnten.

Auch Kapitän Briggs schrieb in den nächsten Tagen an seine Mutter im heimischen Marion:

»Ich fühle mich seit der Ankunft von Sarah und Sophia wie zu Hause. Der II. Offizier und der Steward scheinen mir brave und gute Menschen zu sein. Ich hoffe

auf eine angenehme Reise. Unser Schiff ist in perfektem Zustand …«

Am Vormittag des 4. November staute die Mannschaft das letzte Faß der Ladung ordnungsgemäß, dann befahl der Erste Maat Albert G. Richardson, das Hauptluk abzudecken und dicht zu verschalken. Dazu wurde zuerst der Lukendeckel aufgelegt, über den die Matrosen eine Plane spannten. Diese wurde dann mit einem Eisenband und Keilen festgeschlagen – dicht verschalkt, wie Seeleute dies nennen. Aufmerksam überwachte der Erste Offizier diese Arbeiten, die für die Sicherheit des Schiffs wichtig waren. Denn bei hohem Seegang gehört die Hauptluke als größte Öffnung im Deck zu den am meisten gefährdeten Stellen. Mit gleicher Sorgfalt wurden auch die kleineren Luken auf dem Vordeck und dem Achterdeck abgedichtet.

Nachdem dies erledigt war, ging Kapitän Briggs mit seinen Schiffspapieren zum Hafenamt, um auszuklarieren. Noch eine Nacht blieb die MARY CELESTE an der Pier 44 liegen, dann warf sie Leinen los, das Lotsenversetzschiff SANDY HOOK nahm den Segler auf den Haken und zog ihn von der Pier frei. Doch da der Wind voll gegenan blies und der Atlantik für diese Jahreszeit außergewöhnlich stürmisch war, gab Kapitän Briggs schon bei Staten Island den Befehl, wieder Anker fallen zu lassen und auf besseres Wetter zu warten. Am 7. November, einem Donnerstag, hatte der Wind gedreht, die MARY CELESTE konnte den Anker aufnehmen. Vorher jedoch griff die Ehefrau des Kapitäns noch einmal zur Feder, um einen Brief an die Mutter von Benjamin Briggs zu schreiben:

»Liebe Mama Briggs,
wahrscheinlich wirst Du Dich über das Datum dieses Briefes wundern, aber anstatt unsere Reise am Dienstagfrüh nach dem Auslaufen aus dem Hafen zu beginnen, haben wir ungefähr eine Meile von der City entfernt wegen starken Gegenwindes wieder geankert. Ben (Benjamin) *sagte mir, daß das Wetter draußen sehr schlecht sei, und daß wir nicht viel gewonnen hätten, wenn wir draußen auf dem Meer herumkreuzen würden. Heute laufen wir nun bei frischem und gutem Wind aus und hoffen den Atlantik zu erreichen, ohne noch einmal ankern zu müssen.*
Benjie (eine andere von ihr gebrauchte Koseform für Benjamin) *ist sicher, daß er eine sehr gute Besatzung führt. Die Männer haben ihre Arbeit ordentlich begonnen. Alle sind sehr aufmerksam und freundlich zu mir. Benjie sagte mir, wir hätten einen guten Start, und so übergebe ich nun diesen Brief dem Lotsen.*
Herzlichst
Deine Sarah«

Kapitän Briggs wählte einen Kurs, der ihn zunächst südöstlich auf den Atlantik führte, bevor er direkt auf Ostkurs ging. Das war ungewöhnlich, weil die beliebteste und in Segelhandbüchern empfohlene Route zunächst nordöstlich bis über den 40. Breitengrad hinausführte. Dort steuerten die Schiffe dann Richtung Osten und wurden mit den vorherrschenden Windrichtungen und dem Golfstrom fast automatisch Richtung Europa gebracht. Es ist heute nicht mehr nachzuvollziehen, weshalb Kapitän Briggs sich für die Route unterhalb des 40. Breitengrades entschieden hat, die ihn schließlich südlich der

Azoren vorbeiführte. Möglicherweise war es das schlechte Wetter auf dem Nordatlantik. Als navigatorischen Fehler muß man diese Entscheidung aber nicht bewerten, denn wäre die MARY CELESTE nicht nach dem 25. November steuerlos und sehr langsam getrieben, dann hätte sie acht Tage vor der DEI GRATIA Gibraltar passiert. Sie hat also ebensolange gebraucht wie die Brigg, die von New York aus am 15. November mit einer Ladung Petroleum für Gibraltar auslief. Und Kapitän Morehouse hatte sich für den Kurs nördlich des 40. Breitengrades entschieden. Normalerweise wären sich die beiden Schiffe bei ihren Reisen zu unterschiedlichen Häfen Europas also kaum begegnet.

Der Staatsanwalt ermittelt

Die Besatzung der Dei Gratia hatte während der gesamten Verhandlung vor dem Gericht der Admiralität in der britischen Kronkolonie einen schweren Stand. Seeleute waren es gewohnt, gegen Naturgewalten zu kämpfen und sich in fremden Häfen gegen betrügerische Machenschaften durchzusetzen, doch in einem altehrwürdigen Gebäude wie dem des Gerichtes, wo sie ernsten Männern in schwarzen Roben und mit wallenden Perükken gegenübersaßen, die sie wortgewandt ausfragten, fühlten sie sich verloren. Sie waren eigentlich nur gekommen, um den nach ihrer Meinung verdienten Bergelohn einzufordern, und fanden sich plötzlich in der Rolle von Angeklagten, zumindest aber Verdächtigten. Kaum jemand an Land glaubte der Dei-Gratia-Crew, daß sich wirklich alles so zugetragen haben sollte, wie sie es darlegte. Dafür gab es zu viele Ungereimtheiten.

Ihr unerbittlichster Gegner war Generalstaatsanwalt Frederik Solly Flood. Er war irischer Abstammung, ein leicht erregbarer und arroganter Bürokrat, der mit krankhaftem Eifer hinter jedem Vorgang ein Verbrechen vermutete. Diese Neigung war den Militär- und Zivilbehörden Gibraltars schon während anderer Verfahren mehrfach unangenehm aufgefallen, und es hatte mehr als einmal Anregungen militärischer und ziviler Behörden der Kronkolonie gegeben, den unbequemen Generalstaatsanwalt doch endlich in den Ruhestand zu schicken – vergebens. Vielleicht hatte er aus seiner früheren Zeit als Minister hochstehende Fürsprecher in London.

Obgleich die Gutachten der Sachverständigen dafür keine Anhaltspunkte boten, versuchte Solly Flood während des gesamten, mehrere Monate dauernden Verfahrens zu beweisen, daß hinter der unerklärlichen Tragödie der MARY CELESTE dunkle Machenschaften von Kapitän Morehouse und seiner Mannschaft steckten. Dann wieder versuchte er mit allen Mitteln das Verschwinden der Besatzung auf eine Meuterei zurückzuführen, in deren Verlauf der Kapitän und seine Familie ermordet wurden. Morehouse habe anschließend die Mannschaft verschwinden lassen, um die Bergeprämie schneller zu erhalten. Denn Untersuchungen um ein herrenloses Schiff würden erwartungsgemäß schneller abgeschlossen sein als die Untersuchungen einer Meuterei, bei der die gesamte Mannschaft samt der Kapitänsfamilie getötet worden war. Weiterhin argwöhnte Flood, die MARY CELESTE sei nur deshalb einen Tag nach der DEI GRATIA in Gibraltar eingetroffen, weil Deveau und die beiden Matrosen noch einige Verbrechensspuren beseitigen mußten. Flood hielt dem Ersten Maat vor, er hätte aus diesem Grund während der fünf Tage vor dem Eintreffen in Gibraltar absichtlich kein Logbuch geführt. Oliver Deveau antwortete darauf nur schulterzuckend: »Wir haben während dieser Tage andere Sorgen gehabt, als uns um Papierkram zu kümmern.«

Dem Londoner Board of Trade, dem englischen Handelsministerium, berichtete Flood:

> »*Der I. Offizier der* DEI GRATIA *und zwei Matrosen, die das verlassene Schiff betraten, gaben eine derart merkwürdige Interpretation vom guten Zustand der* MARY CELESTE, *daß eine Inspektion angeordnet wurde. Diese fand in meinem Beisein am 23. Dezember 1872 durch den Taucher Ricardo Portunato, den Chefinspektor John Austin und den I. Sekretär des britischen Vice-Admirality Court, T. J. Vecchio statt. Die Inspektion führte zu folgendem Ergebnis:*
> *1.) Das Schiff war stabil und kräftig und in seetüchtigem Zustand.*
> *2.) Es war gut mit Wasser und Nahrungsmitteln versorgt.*
> *3.) Es war nicht unter übermäßig schlechten Witterungsbedingungen gelaufen.*
> *4.) Es gab keinerlei Anzeichen eines Brandes oder einer Explosions- oder Brandgefahr.*
> *5.) Es wurden keine Spuren gefunden, aufgrund derer man auf die Ursache der Aufgabe hätte schließen können.*«

Der Bericht fährt fort: »*Es wurde jedoch ein Säbel gefunden, der mir Blutflecken aufzuweisen schien, die abgewischt worden waren, bevor er in seine Scheide zurückgesteckt worden war. Meine Meinung hierüber wird von den anderen geteilt.*«

Dieser von Deveau unter der Koje des Kapitäns gefundene Säbel gab Solly Floods Phantasie erwartungsgemäß besonders reichliche Nahrung. Die Herkunft der Waffe konnte nicht geklärt werden. Selbst Kapitän Winchester wußte nicht, ob Kapitän Briggs jemals einen Säbel besessen hatte.

Als Solly Flood die aus Italien stammende Waffe, auf deren Klinge das Wappen der Savoyer eingraviert war, persönlich untersuchte, meinte er darauf Blutspuren zu erkennen. Siegessicher gab er die Waffe dem vereidigten Chemiker Dr. Patron zur Untersuchung, mußte sich aber nach einer einwandfreien chemischen Analyse enttäuscht belehren lassen, daß es sich um Rostflecken handelte.

Da dieses Resultat seine gesamte Theorie in Frage stellte, witterte der Staatsanwalt schon wieder dunkle Machenschaften und gab bei einem anderen Chemiker ein weiteres Gutachten in Auftrag, das jedoch zu demselben Resultat führte. Daraufhin verfügte Flood, die Ergebnisse der chemischen Analyse dürften der Öffentlichkeit nicht zugänglich gemacht werden. Er hoffte anscheinend noch immer, irgendwo in der Welt würde ein Mannschaftsmitglied der MARY CELESTE den britischen Polizeibehörden ins Netz gehen. Immerhin regierte Großbritannien in jener Zeit noch über ein weltweites Empire. Nach der erhofften Festnahme, die nach seinen Vorstellungen nur noch eine Frage der Zeit wäre, könnte er dann endlich Anklage wegen Meuterei erheben. Nach einer Veröffentlichung der Untersuchungsergebnisse aber würden die britischen Übersee-Behörden möglicherweise nicht mehr mit der nötigen Intensität nach »Meuterern« der MARY CELESTE forschen. Und sollten doch eines Tages Verdächtige festgenommen werden, wie Flood es erwartete, würden bereits veröffentlichte Untersuchungsberichte deren Aussagen verfälschen.

Aus diesen Gründen wurde der Bericht von Dr. Patron verheimlicht. Erst 14 Jahre später mußte er veröffentlicht werden, nachdem Konsul Sprague um Intervention des State Department beim Foreign Office nachsuchte. Der immer noch nicht ausgeräumte Verdacht gegen Kapitän Morehouse und seine Besatzung wurde als bösartige Vermutung abgestempelt. Flood schien sich so sehr in seine Verschwörungstheorie verstrickt zu haben, daß er sie ohne Prestigeverlust nicht mehr aufgeben mochte.

Die Aussagen von Oliver Deveau und John Wright wurden aus denselben Gründen sogar rund siebzig Jahre im Gerichtsarchiv unter Verschluß gehalten.

Im Verlauf der Verhandlungen wurde das Schiff auf Anweisung Floods ein zweites Mal untersucht, und zwar am 7. Januar 1873. Die Untersuchung war auch dieses Mal sehr gründlich und dauerte etwa fünf Stunden. Die von Schiffsinspektor John Austin zusammengefaßten Ergebnisse standen in der *Shipping Gazette* vom 5. Februar.

Nach diesem Bericht hatte der Inspektor an Bord keinerlei Zeichen von Gewaltanwendung gefunden und auch keine Schäden, die eine Preisgabe des Schiffes rechtfertigen würden. Nach dem Urteil des Inspektors war das Schiff haltbar und kräftig, es hatte auch nicht so viel Wasser aufgenommen, daß seine Weiterfahrt hätte gefährlich werden können. Der Bericht führte auch auf, an Bord hätte es außer der Ladung keinerlei Alkohol gegeben. Austin hatte jedoch an der Backbordseite des Bugbereiches etwa einen Meter über der Wasserlinie an der Kante einer der Außenhautplanken einen etwa zwei Meter langen Einschnitt ausgemacht. Der Riß sah neu aus und konnte seiner Ansicht nach nicht von Seeschlag verursacht worden sein. An der Steuerbordseite entdeckte er einen ähnlichen Riß, der ein wenig breiter war, aber zur gleichen Zeit entstanden sein mußte.

Außerdem entdeckten seine Männer einige rätselhafte Einschnitte auf dem Schanzkleid an der Steuerbord- und Backbordseite des Bugspriets. Nach Ansicht des Sachverständigen waren sie mit einer Axt ausgeführt worden. Ein solches Werkzeug hatte man aber nirgendwo an Bord gefunden.

Deveau hatte die Einschnitte bis zu diesem Zeitpunkt noch nicht gesehen: »Ich kann nicht sagen, von wann und woher diese Schnitte rühren. Nach dem, was ich nun gesehen habe, nehme ich an, daß sie mit einer sehr scharfen Axt ausgeführt worden sind. Ich bin sicher, daß es nicht meine beiden Männer waren. An Bord befand sich keine neue Axt. Wir haben nur ein verrostetes Handbeil gesehen, das bestimmt an dem harten Holz des Schanzkleides zerbrochen wäre.«

Bei dieser Inspektion am 7. Februar 1873 war auch Staatsanwalt Solly Flood anwesend. Er hoffte immer noch, jetzt endlich einen Beweis gegen die Mannschaft der DEI GRATIA zu finden, und hatte folglich einen richtigen Stab von Sachverständigen zusammengestellt. Dem gehörten die Kapitäne der britischen Kriegsschiffe MINOTAUR, AGINCOURT, HERCULES und SULTAN, Fitzroy, Adeane, Dowel und Vansittart sowie Oberst Laffan, Kommandant der Marinepioniereinheit auf Gibraltar, an. Besondere Aufmerksamkeit wandten sie den rätselhaften Kerben auf dem Schanzkleid zu. Flood diktierte dem Ersten Gerichtsschreiber des Vice-Admirality Court:

»Die Herren stimmten mit mir darin überein, daß diese Einschnitte vorsätzlich angebracht worden sind. Beim Prüfen des Steuerbordschanzkleides wurden auch blutähnliche Flecken auf dem Deck entdeckt, außerdem der weitere Abdruck eines Axthiebs. Als wir dann durch die vordere Luke in den Laderaum hinabstiegen, bemerkten wir, daß eines der Fässer, das Alkohol enthalten hatte, anscheinend angezapft war.«

Ein beschädigtes Faß war zuvor weder Deveau noch Wright noch anderen Besichtigern aufgefallen. Hatte der Staatsanwalt es manipulieren lassen, um seine These von der Meuterei darauf stützen zu können?

Das beschädigte Faß veranlaßte Flood zu neuen Aktivitäten. Diesmal schrieb er an das Londoner Handelsministerium:

»Mein Ziel ist es, das Handelsministerium zu veranlassen, geeignete Schritte zu unternehmen, um Kapitän Briggs, seine Frau, seine Tochter und die Besatzung der MARY CELESTE *aufzuspüren. Ich glaube, daß die Besatzung ein Alkoholfaß aufgebrochen und dann im Vollrausch Kapitän Briggs, seine Frau, seine Tochter und den Ersten Offizier Richardson getötet hat. Anschließend haben die Männer dann den Schiffsbug beschädigt, um damit glauben zu machen, die* MARY CELESTE *sei auf ein Riff gelaufen oder habe einen Zusammenstoß erlitten. So sollte dem*

Kapitän eines vorüberkommenden Schiffes vorgetäuscht werden, es lohne sich nicht, die Brigg einzubringen. Ich glaube, daß die Besatzung der MARY CELESTE *zwischen dem 25. November und dem 5. Dezember gemeutert hat und dann an Bord irgendeines Schiffes nach Amerika oder Westindien entkommen ist.«*

Die »merkwürdigen Flecken« auf dem Deck interessierten den Staatsanwalt besonders und beflügelten seine Phantasie. Auf eine entsprechende Frage antwortete Deveau, er habe keine Blutflecken gesehen: »Wir haben nicht die Zeit gehabt, das Schiffsdeck aufzuwaschen oder gar zu schrubben. Dafür hatten wir an zu viele andere Dinge zu denken.«

Auch diese Flecken auf dem Deck sollte Dr. Patron analysieren. Er wendete alle seinerzeit üblichen chemischen Verfahren an, konnte jedoch ebensowenig wie auf dem Säbel Anzeichen von Blutkörperchen entdecken. Das schrieb er in seinem Bericht, den er am 30. Januar abgab.

Es waren schwere Tage für Kapitän David Morehouse und seine Mannschaft. Sie konnten sich in Gibraltar kaum noch irgendwo blicken lassen, was die rechtschaffenen Seeleute schmerzte. Doch sie standen den Angriffen des Generalstaatsanwaltes nicht allein gegenüber. Der amerikanische Konsul in Gibraltar, Horatio Sprague, vertrat sehr engagiert die Interessen seiner Landsleute und hielt sie für unschuldig. Als daher am 5. Februar 1873 der amerikanische Kreuzer »Plymouth« vor Gibraltar ankerte, bat Konsul Sprague den Kommandanten, die MARY CELESTE zu untersuchen und sich ein Bild von der Situation an Bord zu machen. Der Kommandant, Kapitän R. W. Shufeldt, inspizierte das Schiff. Aber auch der erfahrene Marinekapitän konnte nur Vermutungen anstellen. Für die von Solly Flood aufgestellte These einer Meuterei an Bord fand er keine Anhaltspunkte. Gleichwohl hatte auch er den Eindruck, das Schiff sei panikartig verlassen worden. Er vermutete, das Schiff sei in einen Sturm geraten, dabei habe es so stark geknarrt und geächzt, daß die Mannschaft sich Sorgen um seine Stabilität machte und von Bord ging. Vielleicht habe man sogar die Hoffnung gehabt, an Bord eines größeren und sichereren Schiffes zu gehen. Diese Vermutung wurde später von der Behauptung erhärtet, ein nicht näher bezeichneter deutscher Dampfer hätte am 25. November 1872 an der Stelle, an der die letzten Eintragungen ins Logbuch der MARY CELESTE gemacht wurden, in einer Distanz von etwa zwei Seemeilen eine Brigantine gesichtet. Diese Behauptung läßt sich heute nicht mehr belegen. Deshalb sollte man sie auch nicht näher in Betracht ziehen. Zu den Beschädigungen am Bug meinte Kommandant Shufeldt, sie seien nach seiner Ansicht von Seeschlag verursacht, hätten aber die Sicherheit des Schiffes nicht beeinträchtigt.

Der Kommandant des Kreuzers PLYMOUTH schickte seinen Bericht umgehend an das amerikanische State Department, am 15. März 1873 wurde er von der Zeitung *Liverpool Mercury* abgedruckt. Obgleich Kommandant Shufeldt sich eindeutig gegen die These einer Gewaltanwendung an Bord ausgesprochen hatte, berichtete die New Yorker *Nautical Gazette* kurz darauf, das State Department hätte die Befürchtung ausgedrückt, die betrunkene Mannschaft der MARY CELESTE habe vermutlich ein schreckliches Verbrechen begangen.

Die Amerikaner bejubelten ungeachtet der fehlenden Beweise den Briten Solly Flood als Staatsanwalt, der mit detektivischem Spürsinn ein Verbrechen aufgedeckt hatte, das zu vertuschen den Verbrechern beinahe gelungen wäre. Der Boden für eine Sensationsstory war bereitet. Wann immer von diesem Zeitpunkt an eine Zeitung diesseits oder jenseits des Atlantiks den Namen MARY CELESTE in einer Schlagzeile druckte, sorgte er für höhere Auflagen. Das war für Reporter Anreiz genug, immer neue Details zur immer gleichen Story zu erfinden. Wer wollte schon beweisen, daß sie nicht stimmten? Schließlich konnte niemand Einsicht in die Akten nehmen und die Tatsachen überprüfen. Inwiefern Solly Flood selbst Gerüchte lancierte, damit die Öffentlichkeit sich seiner Meuterei-Theorie anschloß, ist heute nicht mehr nachzuvollziehen.

Als frei erfunden kann man vor diesem Hintergrund sicherlich das Interview mit Fanny Richardson, der hinterbliebenen Ehefrau des Ersten Offiziers, einschätzen, das im März des Jahres 1902 in der Zeitung *Brooklyn Daily Eagle* erschien. In diesem Gespräch hatte Frau Richardson angeblich gesagt, außer Kapitän Briggs, ihrem Mann und dem Steward William Head hätten der Besatzung nur Ausländer angehört, »Italiener, Türken und Portugiesen, ein finsterer und treuloser Haufen...« Und wörtlich soll sie hinzugesetzt haben: »Ich habe immer daran geglaubt und werde immer daran glauben, daß mein Mann, Kapitän Briggs, seine Frau, das kleine Mädchen und der Steward von der Besatzung ermordet worden sind.« Auslöser sei ihrer Meinung nach der Genuß von Alkohol aus einem aufgebrochenen Faß gewesen.

Unglaubwürdig ist die Authentizität dieses Interviews, weil ein Offizier wie Richardson, der in seine Navigationstafel die Worte »Fanny, my dear wife« geritzt hatte, sicherlich auch Briefe an seine Frau geschrieben hat. Somit müßte ihr eigentlich bekannt gewesen sein, daß sich die Besatzung in Wirklichkeit anders zusammengesetzt hatte.

Ob wahr oder erfunden, die Veröffentlichung solcher Interviews zog immer weitere Veröffentlichungen zu dem Thema nach sich, wieder meldeten sich Menschen mit neuen Mutmaßungen. Dazu gehörte der englische Schriftsteller J. H. Hornibrook, der meinte, alle Menschen an Bord seien nach und nach von den Fangarmen eines Riesenkraken über Bord gezogen worden, und die Beschädigungen an der Reling stammten von den verzweifelten Axtschlägen derjenigen, die sich gegen die Fangarme des Kraken gewehrt haben. Doch auch in diesem Fall hätte es Blutspuren auf der Reling oder dem Deck des Schiffes geben müssen. Als Erklärung reicht die Theorie keinesfalls aus. Das wußte auch Hornibrook, als als er seine Version mit den Worten schloß: »Falls diese Version nicht akzeptiert wird, überlasse ich es der Einbildungskraft des Lesers, sich eine bessere auszudenken.«

Die These von Riesenkraken oder anderen Meeresungeheuern, die Menschen über Bord zogen, erschien den Menschen des 19. Jahrhunderts keineswegs lächerlich. Immerhin gab es zu jener Zeit eine Reihe ernstzunehmender Beobachtungen rätselhafter Tiere. So entdeckte Leutnant Edgar Drummond, Wachoffizier auf

Kraken bis zu 20 Meter Länge haben immer wieder die Phantasie von Seeleuten angeregt und zu den abenteuerlichsten Geschichten über Seeungeheuer geführt.

der britischen Korvette »Daedalus« am 6. August 1848 um fünf Uhr nachmittags im Südatlantik eine riesige Seeschlange. Er alarmierte seinen Kapitän Peter Mac Quahe, einen alten, erfahrenen Seemann, und die übrigen Schiffsoffiziere. Sie alle beobachteten durch ihre Fernrohre eine Seeschlange mit einer löwenähnlichen Mähne. Ihr detaillierter Bericht für die Admiralität ist erhalten geblieben.

Die erfahrenen Schiffsoffiziere schätzten die Geschwindigkeit der Schlange auf zwölf bis 15 Knoten. Sie sah aus wie ein Tier mit Schweinskopf und Pferdemähne. Der Kopf ragte rund vier Fuß aus dem Wasser, der Halsansatz war vermutlich 15 bis 16 Zoll dick. Die Offiziere schätzten das Tier mit einer in der Seefahrt üblichen Methode: Sie nahmen das Spiegelbild ihrer Haupt-Topsegelrahe auf der Wasseroberfläche zum Maßstab und kamen auf 20 Meter Länge. Die einzige Einschränkung machten die Offiziere bezüglich der Mähne: Es mag auch Seetang gewesen sein, der sich am Kopf des Tieres verfangen haben könnte. Die Schlange selbst beschrieben sie als dunkelbraun mit gelblichweißer Kehle.

Die Seeschlange der Korvette »Daedalus« ist das erste urkundlich verbürgte Exemplar ihrer Art. Sie löste erhebliche Diskussionen aus. Skeptiker bezweifelten, daß die Besatzung alles richtig beobachtet hatte. Konnte es nicht sein, daß der chronische Vitaminmangel an Bord zu Fehlsichtigkeit geführt hatte? Diejenigen aber, die an die Seeschlange glaubten, erinnerten daran, daß Erzählungen über Meeresungeheuer so alt sind wie die Menschheit. Könnte es denn nicht sein, daß einige Exemplare des längst vergangenen Saurierzeitalters in der Tiefe der See überlebt hatten?

Nachdem Einzelheiten aus dem Bericht der »Daedalus« durchgesickert waren, zitierten Zeitungen alte Überlieferungen von Fischern, nach denen riesige Seeschlangenkadaver an den Stränden der Orkney-Inseln angetrieben worden waren.

Zudem gibt es viele alte Texte, die von Meeresungeheuern berichten. Beispielsweise der von Olaus Magnus, der 1555 eine Seeschlange von 200 Fuß Länge, 20 Fuß Dicke, mit Schuppen und schwarzer Mähne beschreibt. Der Schweizer Naturforscher Gesner schrieb 1589 in einem naturkundlichen Buch: *»Bey Norwegen im stillen meer ereignen sich meerschlangen zwey oder drey hundert Schuch* (=Fuß) *lang, sehr aufsätzig und verhaßt den schiffsleuten, also das sie auch zuzeyten ein mann auf dem schiff hinnemen, söllen sich zu grund richten, sie erheben offt solche krümb über das mer, das darunter ein schiff durchfahren möchte.«*

1615 gelangte ein Ungeheuer mit Schweinskopf auf einem Pferdeleib und vier gewaltigen Hauern sogar die Elbe aufwärts und jagte den Uferbewohnern Angst und Schrecken ein. 1638 erschien ein weiteres Tier dieser Art und tötete einen Fischer, der es jagen wollte. Die Berichte sind in Hamburger Chroniken erhalten. Am 7. Juni 1734 sah der grönländische Bischof Paul Egede während einer Seereise in nordischen Gewässern eine Seeschlange, »die sich hoch über dem Wasser erhob, daß ihr Kopf über unseren Mastkorb hinauszuragen schien.«

Aus mehreren Ecken der Welt sind Berichte überliefert, nach denen Seeleute eine unbewohnte kleine Insel entdeckten, die plötzlich verschwand – es hatte sich um ein riesiges Meerestier gehandelt. In einem Fall soll auf dem

Rücken eines solchen Tieres sogar eine Messe gelesen worden sein.

Biologen hatten versucht, mit wissenschaftlicher Akribie diesen Erzählungen über Seeschlangen und Meeresungeheuer nachzugehen, in der Hoffnung, handfeste Beweise für deren Existenz zu erbringen. Dazu gehörte die 1817 in den USA gegründete Linnaeus-Gesellschaft, die sich nach dem schwedischen Naturforscher Linné nannte. Er hatte allen bekannten Pflanzen- und Tierarten lateinische Bezeichnungen mit je einem Gattungs- und einem Artennamen gegeben. Die Gesellschaft wollte die oft erwähnten Seeungeheuer ebenfalls klassifizieren. Dazu brachte sie Fragebögen heraus, mit deren Hilfe auch biologische Laien bei den wenigen Augenzeugen solcher Begegnungen Nachforschungen anstellen konnten. Doch es gingen nur vier Meldungen ein, die letztlich bei der wissenschaftlichen Arbeit nicht weiterhalfen. So löste sich die Gesellschaft wieder auf.

Bis zum Ende des 19. Jahrhunderts gab es weitere Beobachtungen: 1848 sah die Mannschaft des englischen Kriegsschiffes »Plumper« vor Oporto eine Seeschlange, 1877 sichtete die Brückenwache des Dampfers »Osborne« eine am Kap Vito vor der sizilianischen Küste, 1907 beobachteten Mannschaften und Reisende des Cunard-Dampfers »Tampania« ein riesiges Meerestier vor der irischen Küste.

Der niederländische Zoologe Oudemans wertete alle ihm zugänglichen Berichte über Seeschlangen kritisch aus und kam 1892 zu dem Schluß, daß bis dahin 187 Begegnungen mit Meeresungeheuern als erwiesen gelten müßten. Das Bild einer reinen Seeschlange aber ist es

Die verschiedensten Arten von Seeungeheuern sind für Tragödien wie die der MARY CELESTE verantwortlich gemacht worden.

nicht, das sich aus diesen Darstellungen abzeichnet. Er meinte, es könne sich um ein robben- oder schlangenähnliches Säugetier mit lang entwickeltem Hals und Ruderschwanz handeln.

Die Hamburger Meeresbiologin Dr. Petra Deimer, die sich ständig mit den größten bisher bekannten Lebewesen der Weltmeere beschäftigt und sich auf Meeressäuger und den Schutz der Walbestände spezialisiert hat, glaubt, daß manche der phantastisch erscheinenden Erzählungen ein Stück Wahrheit enthalten, wenn man sie erst einmal von ihrer mystischen Verbrämung befreit hat: »Früher erzählten Walfänger, wenn sie nachts in ihren Kojen lagen, sie hätten betörende, sirenenartige Klänge gehört. Die Erklärung ist heute ganz einfach. Die Männer hörten die Gesänge der Buckelwale, die durch die hölzernen Rümpfe ihrer Fangschiffe wie durch einen Resonanzkörper verstärkt wurden. Von da aus war es zu einer Legendenbildung zu irgendwelchen Fabelwesen in der Tiefe der Meere natürlich nicht weit.«

Auch für die angeblichen Meeresungeheuer hat Dr. Deimer eine Erklärung. In den Mägen von harpunierten Walen wurden schon Teile von Riesenkraken gefunden, die darauf schließen ließen, daß diese Tiere mit ihren Tentakeln über 20 Meter lang waren. Und die Meeresbiologin hält es auch für möglich, daß diese Tiere in seltenen Fällen an die Oberfläche kommen und dann mit ihren langen Fangarmen für entsprechend lange Seeschlangen gehalten werden.

Solche Tintenfische bewegen sich nach dem Rückstoßprinzip fort, und die Besatzung der »Daedalus« hatte tatsächlich von einer eigenartigen Fortbewegungsweise der Schlange berichtet. Auch die Länge der Tiere deckt sich mit den Angaben der englischen Seeoffiziere. Gefangen wurden solche riesigen Kraken bisher nur selten, da sie als geschickte Schwimmer offenbar immer rechtzeitig ausweichen konnten.

In welche Kämpfe jedoch Wale in der Tiefe mit diesen Tintenfischen verwickelt sind, das zeigen die Kampfspuren, die sie davontragen. So hat Dr. Petra Deimer am Kopf von Walen Narben gesehen, die von tellergroßen Saugnäpfen stammten. Doch trotz dieser belegten Tatsachen erscheint es unglaubwürdig, daß ein Meeresungeheuer, welcher Art auch immer, nach und nach zehn Menschen über Bord gezogen haben soll, ohne daß es Spuren eines Kampfes gab.

Falsche Verdächtigungen

Am 24. März 1873 wurde der Fall Mary Celeste abgeschlossen. Das Gericht in Gibraltar sprach Kapitän und Besatzung der Dei Gratia einen Bergelohn von insgesamt 1700 Pfund Sterling zu, was bei dem damaligen Umrechnungskurs einem Gegenwert von 8300 Dollar entsprach.

Nach einer Information der Tageszeitung *Gibraltar Chronicle* war der Wert des Schiffes auf 5708 Dollar geschätzt worden, derjenige der Ladung auf 36 943 Dollar. Die Belohnung entsprach also lediglich etwa einem Fünftel des Schätzwertes. Kapitän Morehouse und seine Mannschaft waren enttäuscht, sie hatten aufgrund der Gepflogenheiten auf See mit mindestens der Hälfte des Schätzwertes als Bergelohn gerechnet. Mit diesem Spruch zogen die Richter und Sir James Cockrane, der Präsident des Gerichtshofes, offensichtlich in Betracht, daß nicht alle Fakten um das Verschwinden der Menschen auf der Mary Celeste ausreichend aufgeklärt werden konnten. Ein leiser Zweifel an den von Kapitän

Morehouse und seiner Besatzung geschilderten Vorgängen schien geblieben zu sein.

Auf eine offizielle Erklärung, weshalb das Schiff vollständig verlassen worden war, konnte das Gericht sich nicht einigen, es ließ diese Frage offen. Und da Solly Flood noch immer nicht bereit war, die Analysen und Untersuchungsberichte der Öffentlichkeit zugänglich zu machen, wußte niemand, was an Bord der MARY CELESTE wirklich entdeckt beziehungsweise nicht entdeckt worden war. Das öffnete Tür und Tor für Spekulationen – es mußte doch etwas sehr Seltsames vorgefallen sein, wenn sich der Generalstaatsanwalt so geheimnisvoll gab.

Schon während der Verhandlung kursierten die abenteuerlichsten Gerüchte. So sollten Piraten, giftige vulkanische Dämpfe aus dem Meer, eine Pestepidemie, Meteoritenschauer, driftende Eisberge und Meeresströmungen, um nur einige spekulative Ursachen zu nennen, dafür verantwortlich gewesen sein, daß die Mannschaft ihr Schiff panikartig verlassen hatte.

Um es kurz zu machen, Piraterie war in diesem Teil vor der afrikanischen Küste schon seit Beginn des 19. Jahrhunderts mit Waffengewalt europäischer Seefahrtsnationen niedergeschlagen worden. Außerdem hätten Piraten sicherlich nicht nur die Mannschaft von Bord geholt und in die Sklaverei verschleppt, sondern auch Wertsachen und Vorräte mitgenommen und das Schiff geplündert, anstatt beides unversehrt zurückzulassen. Ein Piratenangriff hätte sicherlich auch Kampfspuren hinterlassen.

Für eine Pestepidemie gab es keine Anhaltspunkte, Trinkwasser und Nahrungsmittel waren einwandfrei, schließlich hatten sich drei Mann bei der Überführung des Schiffes mehrere Tage lang davon ernährt, ohne krank zu werden. Eine ebenfalls von einigen Zeitgenossen vermutete Vergiftung mit daraus resultierenden Wahnsinnsanfällen scheidet also gleich mit aus.

Auch die Eisberg-Theorie ist unwahrscheinlich. Eisberge driften erstens nicht so weit südlich, und zweitens wäre die Begegnung mit einem solchen schwimmenden Gebirge nur während des Frühjahrs wahrscheinlich gewesen, nicht aber im Herbst.

Dichte Meteoritenschauer waren tatsächlich im November 1872 in vielen Teilen der Welt beobachtet worden. Doch selbst wenn solches Weltraumgestein in dichter Folge unmittelbar neben dem Schiff eingeschlagen wäre, ist nicht ganz nachzuvollziehen, weshalb die Mannschaft ihr sicheres und segeltüchtiges Schiff aufgab, das ja immerhin unter seinen Decks einige Deckung bot, und sich einem kleinen Boot anvertraute, in dem sie völlig ungeschützt war. Einschläge von Meteoriten auf Deck hätten außerdem unübersehbare Spuren hinterlassen.

Als im 20. Jahrhundert dann lebhaft das rätselhafte Verschwinden von Schiffen und Flugzeugen im sogenannten Bermuda-Dreieck, einem angeblichen Fenster zum Kosmos, diskutiert wurde, dehnten einige Befürworter der Theorie das Dreieck großzügig gleich bis zu den Azoren aus und erklärten so das Verschwinden der Mannschaft. Einige Vertreter dieser Theorie berichteten, auch bei anderen Schiffen, die nach Abenteuern im Bermuda-Dreieck wieder aufgetaucht waren, wären obere Teile der Takelage beschädigt gewesen. Es müßte also logischerweise etwas »Rätselhaftes über den Schiffen« geschehen sein.

Ebenso phantastisch ist die Erklärung, die Adam Bushey dem *British Journal of Astrology* zuschickte. Er schreibt, die Menschen auf der MARY CELESTE seien aufgrund »einer unheilvollen Konjunktion von geistigen und kosmischen Kräften, die das Weltall regieren, entmaterialisiert worden«.

Die Tatsache, daß ein streng puritanisch eingestellter Seemann wie Kapitän Briggs selbst nicht trank und zudem jeden Alkohol an Bord verboten hatte, gab weiteren Gerüchten Nahrung. So mutmaßten einige Zeitgenossen, der Kapitän hätte in einem Anfall von religiösem Wahn zuerst seine Familie und dann seine gesamte Mannschaft umgebracht. Wer sich jedoch mit der Persönlichkeit des Kapitäns etwas ausführlicher beschäftigt hat und sein Verhältnis zu seiner Familie kennt, kann diese Version ausschließen. Außerdem hätten sich die kräftigen Matrosen und Maate des Schiffes sicherlich nicht widerstandslos töten lassen, ein heftiger Kampf wäre in dem Fall unvermeidlich gewesen. Und Spuren eines Kampfes waren an Bord nirgendwo gefunden worden. Wäre der Kapitän einfach ein gläubiger Christ gewesen, der gern einmal einen guten Schluck Wein oder Rum trank, so hätte es diese Version sicherlich gar nicht gegeben. Doch ein Kapitän, dessen Religiosität so weit ging, daß er seiner Mannschaft den Genuß von Alkohol verbot, war nach Ansicht seiner Zeitgenossen offensichtlich zu allem fähig.

Auch die Tatsache, daß an Bord Frauenkleider gefunden worden waren, regte die Phantasie einiger Menschen an. Sie vermuteten ein Eifersuchtsdrama mit tödlichem Ausgang. Tatsächlich hat es solche Zwischenfälle in der Seefahrt bisweilen gegeben und die Abneigung der Seeleute gegen Frauen an Bord verstärkt. Ein solcher Zwischenfall vom 13. Juli 1896 ist tatsächlich aktenkundig und zeigt, daß die Vorbehalte jener Zeit nicht ganz unberechtigt waren, auch wenn der geschilderte Fall sich gut zwei Jahrzehnte nach dem Auffinden der MARY CELESTE ereignete. Er ist aber doch symptomatisch für die Einstellung der Menschen auf See während jener Epoche.

Im Sommer 1896 hatte der Kommandant der Schonerbark HERBERT FULLER, Kapitän Robert Nash, seine zehn Jahre jüngere und äußerst attraktive Frau Laura mit an Bord genommen. Sie sollte ihn auf einer Reise von Boston nach Argentinien und zurück begleiten. Ein mitreisender Student namens Lester Monck verliebte sich während der Reise in die junge Frau und wollte sie in der Kapitänskammer vergewaltigen, als die Offiziere alle an Deck waren. Als man ihn überraschte, tötete er die junge Frau, den Kapitän und ein Besatzungsmitglied. Der Fall erregte einiges Aufsehen in der amerikanischen Presse, denn zunächst war der Erste Offizier der HERBERT FULLER verdächtigt worden. Er wäre trotz seiner Unschuldsbeteuerungen um ein Haar zum Tode verurteilt worden, hätte nicht eine engagierte Schriftstellerin den Fall anhand der Gerichtsakten rekonstruiert und einige Fehler in der Beweisführung entdeckt.

Einige Erklärungsansätze bezogen die Kräfte von Wind und See als Ursache für das Verschwinden der Menschen auf der MARY CELESTE mit ein und besaßen sogar eine gewisse Glaubwürdigkeit. Wie sich jedoch zeigte, gibt es bei jeder dieser Theorien nicht auszuräumende Widersprüche. Manche dieser Thesen hatten Menschen aufgestellt, die selbst noch nie einen Fuß auf Decksplanken gesetzt hatten und deshalb mit den Verhältnissen an Bord und den Verhaltensweisen von Seeleuten nicht vertraut waren.

Einer dieser Lösungsvorschläge meinte, das Schiff sei von einer Wasserhose heimgesucht worden. Wasserhosen sind Luftwirbel, ähnlich wie Tornados, aber kleiner und nicht ganz so zerstörerisch. Sie haben ihren Ursprung in einer Wolkenanhäufung und reichen rüsselförmig von der Wolkendecke bis auf die Wasseroberfläche. Ihr Durchmesser beträgt weniger als einhundert Meter, ihre Höhe schwankt zwischen 100 und maximal 1000 Metern. Sie entstehen meist in niederen Breitengraden und wurden auch schon im Mittelmeerraum beobachtet.

Die registrierte Wetterlage über den Azoren vom 24. November 1872 zeigt tatsächlich eine starke Tiefdruckzone, die nördlich vordrang und für einen solchen Wirbel verantwortlich gewesen sein könnte. Wenn diese Wasserhose auf das Schiff zurollte, ist ein Aufkreuzen kaum noch möglich gewesen. Die gesamte Besatzung wird versucht haben, sich irgendwo festzuhalten, vielleicht wurden auch Menschen über Bord gerissen, als der Wirbelsturm des Schiff erfaßte. Den Menschen an Bord wird die Luft weggeblieben sein, der niedrige Luftdruck im Kern der Wasserhose riß die Lukendeckel explosionsartig auf, Segel wurden zerfetzt, Brassen und Schoten rissen wie Bindfäden, dann stürzte eine Wasserflut über das Schiff und schoß bis in die Räume unter Deck. Besonders stark betroffen war logischerweise der Laderaum mit seinen herausgerissenen Lukendeckeln.

Nachdem die Naturgewalt sich verzogen und der Schreck sich gelegt hatte, hätte der Kapitän zwangsläufig befohlen, den Pumpenraum zu loten. Doch auch hier hätte die Sogkraft der Wasserhose das Wasser in den Peilrohren hochgezogen, wobei eine Klappe am unteren Ende es am sofortigen Zurücksinken gehindert hätte. So muß der Eindruck entstanden sein, das Schiff hätte in nur einer Minute zwei Meter Wasser gemacht. Dann allerdings wäre es wirklich nur noch eine Frage kurzer Zeit, bis es endgültig absacken würde. Deshalb hätte Kapitän Briggs Befehl gegeben, sofort in das Rettungsboot zu steigen. Ein Befehl, dem die Mannschaft panikartig nachgekommen sei.

Tatsächlich hatte Oliver Deveau ja das Senklot neben der Peilöffnung gefunden. Doch es gibt einen Widerspruch. Seeleute haben ein Gefühl für die Planken, auf denen sie täglich leben. Und es dauerte einige Zeit, das Beiboot vom Deckel der Hauptluke zu heben, es zur Bordwand zu bringen und zu Wasser zu lassen. Erfahrene Seeleute hätten spätestens jetzt bemerkt, daß ihr Schiff nicht weiter absackte. Zumal sie ja ein Boot zu Wasser ließen, es über die Bordwand schoben und abseilten, also geradezu unübersehbar vor Augen gehabt haben müssen, daß ebenso viel Freibord vorhanden war wie im Normalzustand, die Situation sich mithin gar nicht verschlechtert hatte. Auf weitere Unstimmigkeiten dieser Theorie wird später noch einzugehen sein.

Einen Widerspruch gibt es auch bei der zweiten Theorie, die andererseits ebenfalls einen gewissen Wahrscheinlichkeitsgehalt besitzt. Danach hatte die MARY CELESTE wegen schlechten Wetters zwischen dem 4. und dem 24. November ihre Laderäume nicht lüften können.

Außerdem war der Golfstrom mittlerweile von nordatlantischen Temperaturen in das gemäßigtere und mildere Klima der Azoren übergegangen. Die ansteigenden Wärmegrade können dazu geführt haben, daß durch die hölzernen und porösen Faßwände Alkohol verdunstet war und in dem seit fast drei Wochen ungelüfteten Laderaum ein hochentzündliches Gemisch gebildet hatte. Bei ruhiger See befahl Kapitän Briggs deshalb am 25. November, die Lukendeckel abzunehmen, um die Dämpfe verflüchtigen zu lassen. Das war bei Alkoholtransporten jener Zeit ein ganz normaler und notwendiger Vorgang. Nach den Aufzeichnungen des meteorologischen Dienstes der Azoren war das Wetter auf der Inselgruppe in diesen Tagen tatsächlich gut, der Zeitpunkt für das Lüften des Laderaumes also günstig gewählt.

Als Vorsichtsmaßnahme, besonders weil Frau und Kind an Bord waren, könnte Kapitän Briggs weiter angeordnet haben, während dieser Zeit vorsichtshalber in das Beiboot zu gehen. Weshalb aber wurde das Beiboot nicht mit einer Leine gesichert?

Diese Frage beantwortete ein Seemann, der ein verständliches Interesse daran hatte, die Umstände um das mysteriöse Verschwinden der gesamten Schiffsmannschaft und der Kapitänsfamilie der MARY CELESTE aufzuklären. Es handelte sich um Oliver Cobb, den Cousin von Sarah Elizabeth Briggs, der selbst als Matrose auf Segelschiffen zur See gefahren war und später die Davis Coast Wrecking Company in New York leitete. Als Chef eines Bergungsunternehmens hatte er einige Erfahrung darin, Unfallberichte auszuwerten.

Cobb meinte, aus den Berichten der Berger gehe hervor, daß ein kleines Luk zur Achterlast offengestanden hätte. Wahrscheinlich hatte es ein Besatzungsmitglied geöffnet, um eine entsprechend lange Leine zur Sicherung des Beibootes zu holen. Da dies aber einige Zeit dauerte, hat möglicherweise ein anderer Matrose in der allgemeinen Hektik das Fall des Besansegels verwenden wollen, eine etwa 90 Meter lange Leine, die griffbereit hing, weil man den Besan am Abend des 24. November eingeholt hatte. Dieses Fall wurde später tatsächlich zerrissen aufgefunden. Laut Cobbs Theorie hätte dieses Fall die Belastung eines voll besetzten Bootes nicht ausgehalten und war zerrissen. Die zehn Menschen in dem überladenen Beiboot wären dann wenig später in den Wellen umgekommen oder hätten keine Kraft mehr gehabt, um gegen die vorherrschende Strömung das Schiff oder sicheres Land zu erreichen.

Soweit Cobbs Theorie. Zum Lüften der Laderäume jedoch hätte die Mannschaft zunächst alle Segel geborgen, damit das Schiff nicht zu viel Fahrt machte, während alle im Beiboot saßen. Das Ruder wäre festgelascht worden und während all dieser Arbeiten hätte die Mannschaft Zeit genug gehabt, zwischendurch einige wichtige persönliche Dinge, wie etwa Tabakspfeifen, einzustekken oder wenigstens Seestiefel anzuziehen. Außerdem stellt sich die Frage, weshalb Kapitän Briggs den Sextanten, den Chronometer und einige wichtige Navigationsunterlagen und Schiffspapiere mitnahm, wenn er doch davon ausging, sein Schiff bereits kurze Zeit später wieder zu betreten. Es könnte allenfalls eine Vorsichtsmaßnahme gewesen sein, für den Fall, daß die Mannschaft ihr Schiff aus irgendeinem unglücklichen Umstand nicht wieder erreichen würde und mehrere Tage auf See zubringen müßte, in der Hoffnung, eine der Azoreninseln zu erreichen.

Auch die Theorie Cobbs geht von einem allgemeinen Durcheinander an Bord aus – und genau da liegen wieder die Ungereimtheiten. Wenn es sich um eine ganz normale Ventilation des Laderaumes handelte, stellt sich die Frage, weshalb die Besatzung in Panik geriet. Nach den Wetteraufzeichnungen des meteorologischen Dienstes der Azoren herrschte schönes Wetter, und die See dürfte ruhig gewesen sein. Es ist auch fraglich, ob Kapitän Briggs seine Frau und seine Tochter der Gefahr ausgesetzt hätte, in ein kleines Beiboot zu steigen.

Nach Cobbs Vorstellung allerdings muß die See ja so hoch gewesen sein, daß später das Besan-Piekfall riß, an dem das Beiboot befestigt war. Es ist jedoch unwahrscheinlich, daß ein solches Fall allein unter der Belastung eines anhängenden Beibootes gerissen ist. Denn normalerweise hält es nicht nur eine schwere Gaffel, sondern muß auch noch den Winddruck auf das Besansegel aushalten. Es handelt sich also um eine sehr kräftige Leine.

Wenn die See aber so hoch ging, daß dieses Fall von der Belastung eines anhängenden Beibootes riß, dann stellt sich die Frage, ob der Kapitän unter solchen Umständen nicht lieber seine Familie an Bord gelassen hätte. Denn beim kräftigen Durchlüften des Laderaumes hätte sich die explosive Mischung binnen kurzem so weit verflüchtigt, daß keine Explosionsgefahr mehr bestanden hätte. Damit wäre die Gefahr gebannt gewesen. Ein Aufenthalt an Bord wäre unter solchen Umständen also sicherlich ungefährlicher gewesen als der in einem kleinen Beiboot. Andererseits – wenn die See an diesem Tag ruhig war, wofür die Wetteraufzeichnungen des meteorologischen Dienstes der Azoren sprechen, gab es keinen Grund für den Bruch der Schleppleine.

In seiner Theorie ging Cobb ebenfalls davon aus, ein Mannschaftsmitglied hätte schnell noch eine Schleppleine aus der Achterlast holen wollen. Die Lukenabdeckungen und Scherstöcke des Achterluks lagen aber laut Deveaus Beobachtung ordentlich gestaut neben dem Luk. Das läßt nicht darauf schließen, daß sie in Eile abgenommen wurden, um eine Leine zu holen, sondern erweckt eher den Anschein einer in Ruhe vorgenommenen Arbeit.

Eine Darstellung der Vorgänge, die keine Widersprüche aufwies, hatte zu diesem Zeitpunkt noch niemand erbracht. Aber alle Zeugenaussagen bestätigen, das Schiff sei in auffälliger Eile verlassen worden.

Kapitän Winchester hatte deshalb seine eigene Theorie zum Verlassen des Schiffes, er brachte das Verschwinden der Mannschaft mit der Ladung in Zusammenhang. Der Alkohol hatte nach seiner Ansicht im Laderaum ein explosives Gemisch gebildet, das plötzlich verpuffte und den Lukendeckel aufriß. Zur Bekräftigung seiner These führte Winchester das Erlebnis eines Kapitäns aus der Stadt New Haven an der amerikanischen Ostküste an, der von New Orleans ebenfalls mit einer Alkoholladung mit Kurs Genua ausgelaufen war. Ohne jede Vorwarnung war plötzlich die Hauptluke von einer Explosion unter Deck hochgeschleudert worden. Dabei wurde die Persenning zerfetzt und der Lukendeckel in Stücke zersprengt. Der Kapitän sah Rauch und Dampf aus dem offenen Luk aufsteigen und befürchtete das Schlimmste. Deshalb befahl er schnellstens ein Boot zu Wasser zu lassen. Die

Mannschaft kam seinem Befehl panikartig nach. Als der Kapitän gerade als letzter von Bord gehen wollte, sah er, daß das Luk zu rauchen aufgehört hatte. Er befahl seiner Mannschaft wieder an Bord zu kommen und das Rettungsboot einzuholen. Anschließend konnten sie die Fahrt ohne jede weitere Störung fortsetzen.

Die Idee Winchesters, die ein anderer Kapitän in einem Artikel der Zeitung *New York World* vom 24. Januar 1886 veröffentlichte, wurde jedoch nicht weiter ernsthaft verfolgt, denn alle Zweifler konnten darauf hinweisen, daß nach Ansicht der Gutachter im Laderaum keinerlei Spuren einer Explosion gefunden worden waren. Und wie es ausging, wenn Feuer auf einem Schiff mit hochkonzentriertem Alkohol an Bord ausbrach, das hatte im Jahre 1825 ganz drastisch der Vorfall mit der KENT gezeigt, einem der größten, besten und am schwersten bewaffneten Schiffe der britischen East-India-Company. In schwerer See war dessen Ladung verrutscht, die unter anderem in Fässern gestaut war. Kapitän Cobb (eine zufällige Namensgleichheit mit Oliver Cobb) hatte einen Maat und zwei Matrosen unter Deck kommandiert, um die Ladung wieder fachgerecht zu sichern.

Die Handlampe des Maates war total verrußt, und so konnten die drei Seeleute in dem Chaos unter Deck nur wenig sehen. Gerade in dem Augenblick, in dem ein Matrose sich mit dem Rücken gegen ein Faß stemmte, um es in seine alte Lage zurückzustauen, klappte der Maat seine Lampe auf, um sie zu säubern. In diesem Augenblick holte die KENT hart über, das Faß voller Branntwein fiel zu Boden, zerschellte, und dem Maat entglitt die brennende Lampe. Das aus der Lampe spritzende Öl entzündete den auslaufenden Alkohol. Geistesgegenwärtig begann die Mannschaft die Pumpen zu besetzen und bewegte die Schwengel auf und ab, während einige Offiziere das Kommando über die Löscharbeiten übernahmen. Kurze Zeit später ergoß sich ein Wasserstrom in den Laderaum. Außerdem wurden feuchte Segel über den Brandherd geworfen, um ihm die Luftzufuhr abzuschneiden. Aber seltsamerweise waren alle diese bewährten Löschmaßnahmen nutzlos. Im Gegenteil: Das Wasser schien die Flammen nicht zu löschen, sondern noch anzufachen, und die so gründlich wassergetränkten Segel begannen ebenfalls zu brennen. Mehr und mehr mischte sich schwarzer Rauch zwischen die bläulichen Flammen des brennenden Alkohols. Teergetränkte Leinen hatten mittlerweile Feuer gefangen, und sie waren noch schwieriger zu löschen. In dieser Lage gab Kapitän Cobb den Befehl, die Stückpforten für die Geschütze an der Luvseite zu öffnen, um den Laderaum schneller unter Wasser setzen zu können. Doch das Wasser drang mit solcher Gewalt ein, daß einige Matrosen, die noch immer das Feuer bekämpften, zwischen herumwirbelnden Fässern und Kisten zerquetscht wurden. Außerdem drohte das Schiff nun durch den Wassereinbruch schneller zu sinken als durch die Flammen.

Matrosen, Soldaten und Passagiere hatten sich anfangs noch auf dem vom Feuer verschonten Achterdeck zusammengedrängt, einige standen absichtlich an jenen Luken, unter denen die Pulverfässer gestaut waren, damit ihnen ein langsamer Tod in den Flammen erspart bliebe. Eine zufällig passierende kleine englische Brigg konnte mühsam 599 Menschenleben retten, ehe das Pulvermagazin der KENT explodierte und 56 Menschen mit in den Tod riß. Eine so gefährliche Ladung wie Alkohol, so lautete die überwiegende Meinung, konnte nicht verpufft sein, ohne Spuren zu hinterlassen. Zumal sich in den Fässern der MARY CELESTE reiner Alkohol befunden hatte, während es auf der KENT nur Branntwein gewesen war.

Als weitere sachliche Erklärung für das Auffinden des Schiffes wurde eine starke Meeresströmung angeführt. So soll die MARY CELESTE am Morgen des 25. November 1872 in einer Distanz von sechs Meilen süd-südwestlich vom östlichsten Punkt der Insel Santa Maria unversehens in eine Windstille geraten sein, während die Meeresströmung das Schiff auf die Felsen von Dollabarat zutrieb. Auf Klippen, die bei Windstille fast unsichtbar unter der Wasseroberfläche verborgen sind, auf denen sich bei Sturm jedoch die See deutlich sichtbar bricht.

Diese Theorie geht davon aus, Kapitän Briggs hätte die Gefahr erkannt und daraufhin Mannschaft und Familie in das Beiboot befohlen. Sie sollten versuchen, Land zu erreichen, damit nicht alle zusammen mit dem Schiff auf den Klippen strandeten. Kurz vor den Klippen hätte die Strömung dann die MARY CELESTE doch noch an den spitzen Felsnadeln vorbei auf das offene Meer getrieben, während das Boot der Schiffscrew unterging oder aber in eben dieser Brandung scheiterte.

Das ist unglaubwürdig. In vielen Havarieberichten ist nachzulesen, daß auch Besatzungen, denen eine sichere Strandung deutlich vor Augen stand, an Bord ihres Schiffes blieben, anstatt ihr Heil in einem kleinen Rettungsboot zu suchen. Sie handelten richtig: Wenn die Strömung schon das große Schiff auf die Felsen zutrieb, dann würde die Besatzung es in einem kleinen Boot erst recht nicht schaffen, dagegen anzurudern und sicheres festes Land zu erreichen. Und gegen die Brandung bot ein großes Schiff besseren Schutz als ein kleines Boot.

Außerdem, und das ist eine der ersten Lektionen, die man zur Sicherheit auf See lernt, ist ein kleines Boot in der Weite des Ozeans wesentlich schlechter auszumachen als ein großes Schiff. Selbst heute, wo man die Möglichkeit hat, aus der Luft nach Schiffbrüchigen zu suchen. Gestrandete Schiffsbesatzungen kletterten also in die Takelage ihres Wracks, um dort auf Helfer zu warten.

Es gab immer wieder Fragen, weshalb Kapitän Briggs überhaupt diesen Kurs zwischen der Insel Santa Maria und den tückischen Felsen von Dollabarat gewählt hatte. Warum hatte er nicht den Weg südlich der Azoren in einem freien Seegebiet steuern lassen? Es gab sogar Mutmaßungen, Kapitän Briggs sei durch Krankheit oder Unfall daran gehindert gewesen, das Schiff selbst zu führen, und sein Vertreter, also wahrscheinlich der Erste Maat, hätte nicht genügend Erfahrung besessen und deshalb diesen Kurs abgesteckt. Doch ein Blick in Seehandbücher zeigt, daß Kapitän Briggs möglicherweise gerade aufgrund seiner Erfahrung diesen Kurs wählte. Denn weiter südlich wäre er Gefahr gelaufen, in den Bereich der nordöstlichen Passatwinde zu geraten, die von Nordost nach Südwest wehen und ihn leicht von seinem Kurs Richtung Gibraltar abgetrieben hätten. Gegen sie aufzukreuzen hätte zusätzliche Segelzeit in Anspruch genommen.

So zeigte sich, daß keine der während der Verhandlung

aufgestellten Theorien der kritischen Überprüfung von Seeleuten standhalten konnte. Für Solly Flood war dies eine weitere Bestätigung seiner Verschwörungsthese, auch wenn es dafür ebensowenig Beweise gab.

Andere Geisterschiffe

Nach Abschluß der Verhandlungen wurde die Mary Celeste im März 1873 an ihren Besitzer James H. Winchester zurückgegeben, der sie dem Kommando von Kapitän George W. Blatchford unterstellte. Das Schiff segelte nach Genua und löschte dort seine Ladung. Erst dabei fiel auf, daß neun Fässer der Alkoholladung weitgehend leer, aber äußerlich unbeschädigt waren. Man vermutete, daß der Inhalt durch die porösen Wände der Fässer aus Roteiche verdunstet war.

Im September desselben Jahres machte das Schiff wieder in New York fest. Es hatte mittlerweile einen so schlechten Ruf, daß sich kaum noch Mannschaften und Ladung für die Mary Celeste finden ließen. So verkaufte Kapitän Winchester das schlecht beleumundete Schiff im Februar 1880 mit hohem Verlust an eine Gruppe von Reedern, deren Ruf auch nicht besser war als der des Seglers. Aufzeichnungen über die weiteren Reisen des Schiffes gibt es nicht, nur Gerüchte, daß es um dubiose Fahrten und ebenso zweifelhafte Ladungen ging. Keine

Spuren in Akten und Logbüchern zu hinterlassen lag also durchaus im Interesse der Besitzer.

Das änderte sich erst im Dezember 1884. Kapitän Gilman C. Parker hatte das Schiff übernommen – der 17. Eigner in den vorausgegangenen 12 Jahren. Parker legte seiner Versicherung einen Frachtbrief vor, demzufolge er eine Ladung Flaschenbier in Kisten und wertvolle Bestekke nach Port-au-Prince auf Haiti zu segeln hatte. Die ließ er mit 30 000 Dollar versichern. Doch das Schiff kam nie in seinem Bestimmungshafen an. Am 3. Januar 1885 strandete die MARY CELESTE auf den rasiermesserscharfen Korallenriffen von Rochelais Bank im Golf von Gonave vor der Küste Haitis. Kapitän Parker forderte die Versicherungssumme ein, doch die New Yorker Versicherer waren argwöhnisch und beauftragten einen Detektiv mit Ermittlungen dieser Havarieangelegenheit. Der Mann fand tatsächlich noch eine der Kisten, die von der MARY CELESTE stammten. Sie sollte eigentlich Bestecke im Wert von 1000 Dollar enthalten. Aber als er sie öffnete, fielen ihm statt dessen Hundehalsbänder entgegen, die pro Kiste gerade einmal einen Wert von 50 Dollar ausmachten. Der Detektiv forschte weiter und trieb auch eine der Kisten mit dem angeblichen Flaschenbier auf. Schon von außen war zu erkennen, daß sie keineswegs so viele Flaschen enthalten konnte, wie in den Ladungspapieren angegeben worden war. Und als er den Inhalt der Flaschen überprüfte, enthielten sie noch nicht einmal Bier, sondern trübes, ungenießbares Wasser.

Kapitän Parker wurde festgenommen und in Boston vor Gericht gestellt. Während der Verhandlung mußte auch die Besatzung aussagen. Der Rudergänger berichtete, am Tag des Schiffbruches sei schönes Wetter gewesen, mit ruhiger See und guter Sicht. Er selbst habe das Korallenriff deutlich ausmachen können und wollte Ruder legen, um das Schiff nicht stranden zu lassen. Doch Kapitän Parker habe ihm den Befehl gegeben, den alten Kurs beizubehalten. Wenig später sei das Schiff aufgelaufen, glücklicherweise hatten sich der Kapitän und die sechs Mann Besatzung retten können. Arme Fischer aus dem kleinen Ort Miragoane hätten dann das Wrack zerlegt und alles weggeschleppt, was nicht niet- und nagelfest war.

Es sprach alles dafür, daß Kapitän Parker des Versicherungsbetruges schuldig war, was zu jener Zeit noch mit dem Tode bestraft wurde. Doch wegen eines schweren juristischen Fehlers wurde das Verfahren eingestellt, und Parker und seine Komplizen konnten das Gericht als freie Männer verlassen. Parkers ohnehin nicht besonders guter Ruf war danach allerdings endgültig ruiniert, er verlor sein gesamtes Hab und Gut und starb verarmt und einsam. Einer seiner Helfer verlor den Verstand und starb in einer Irrenanstalt, der andere nahm sich das Leben. Die MARY CELESTE war ihrem Ruf treu geblieben und hatte bis zu ihrem gewaltsamen und geplanten Ende auch ihren letzten Besitzern nur Unglück gebracht.

Hätte Gibraltar zu jener Zeit einen anderen Generalstaatsanwalt gehabt als Frederik Solly Flood, dann wäre der Mythos MARY CELESTE unter Umständen gar nicht erst entstanden. Schließlich war die Brigantine nicht das erste Schiff, das ohne Besatzung über die Meere trieb.

Solche mysteriösen Zwischenfälle, bei denen ein Schiff in tadellosem Zustand, aber ohne Besatzung entdeckt wurde, hatte es auch früher schon gegeben. Ein vergleichbar unheimliches Ereignis war von den Einwohnern des kleinen Ortes Easton's Beach an der amerikanischen Ostküste vor Newport, Rhode Island, überliefert worden. An einem hellen und klaren Tag des Jahres 1750 war eine Brigg unter Vollzeug auf die Küste zugesegelt. Das Schiff kreuzte aber nicht gegen die ablandige Brise auf, um nach Newport zu kommen, wie es Kapitäne an dieser Stelle üblicherweise taten, sondern behielt seinen gefährlichen Kurs bei. Mit unverminderter Geschwindigkeit segelte es auf den sandigen und flachen Strand. Erst jetzt konnten die Dorfbewohner den Namen lesen: Es war die SEABIRD mit Newport als Bestimmungshafen.

War die Strandung den Beobachtern an Land schon unheimlich, so wurde ihr Grauen noch schlimmer, als sie an Bord kletterten. Sie entdeckten keinen einzigen Menschen, nur ein Hund lief über das Deck. An Bord jedoch war alles in bester Ordnung. Das Schiff muß erst kurz zuvor von seiner Crew verlassen worden sein. Das Frühstück für die Besatzung war vorbereitet, Kaffee dampfte in der Kombüse, sämtliche Habe der Besatzung und alle Papiere waren noch vorhanden. Aus der Logbucheintragung konnte man lesen, daß das Schiff unter der Führung von Kapitän John Huxham gerade an diesem Tag in Newport mit Ware für den Kaufmann Isaac Stelle eintreffen sollte.

Bis heute ist nicht geklärt, weshalb die Mannschaft das seetüchtige Schiff vollzählig und fluchtartig so kurz vor der Küste bei guter Sicht, mittlerem Wind und ruhiger

See verließ. Trotz Küstennähe tauchte niemals ein Mensch auf, der zur Besatzung gehört hatte, und es wurden auch keine Boote oder Ausrüstungsteile angeschwemmt, die Aufschluß über den mysteriösen Vorgang an Bord hätten geben können. Trotzdem gab es um das Geheimnis der SEABIRD nicht annähernd so viele Veröffentlichungen und Mutmaßungen wie im Fall der MARY CELESTE.

Auch weitab von Küsten sind häufiger Schiffe herrenlos auf dem Meer treibend gefunden worden, die ähnliche Ratlosigkeit auslösten wie die MARY CELESTE. Letzte Tagebuchaufzeichnungen der Mannschaften belegten dann bei Nachforschungen, daß diese Schiffe in der völligen Windstille der Doldrums monatelang festgelegen hatten. Die von Hitze, Durst und Hunger entnervten Männer hatten mit Beibooten das Schiff verlassen und versucht, rudernd dem Nahrungsmittel- und Wassermangel zu entkommen. Schon entkräftet und in ihrer Widerstandskraft gebrochen, wurden sie Opfer des Meeres. Ihre verlassenen Schiffe aber erfaßte irgendwann doch noch ein Windhauch und führte sie in windreichere Zonen. Da kamen sie Seeleuten dann als Geisterschiffe entgegen, die völlig in Ordnung waren, ihre Segel gesetzt hatten und auf denen sich trotzdem keine Menschenseele an Bord fand. Manche dieser Schiffe legten auch ohne Besatzung enorme Entfernungen zurück. Die WILLIAM L. WHITE segelte 1888 führungslos noch rund 5000 Seemeilen.

Der Vorfall der MARY CELESTE war auch noch nicht der letzte in der Geschichte der Seefahrt. Ähnlich rätselhaft war die Strandung des Fünfmastschoners CAROLL A.

DEERING fast 50 Jahre später, am 31. Januar 1921 in der Nähe von Kap Hatteras an der amerikanischen Ostküste. Trotz stürmischen Wetters war das Schiff unter allen Segeln gelaufen, doch es war niemand an Bord. Drei Tage zuvor hatte ein Feuerschiff den Schoner noch gesichtet, und der Ausguck hatte später zu Protokoll gegeben, an Bord der CAROLL A. DEERING sei zu diesem Zeitpunkt noch alles in Ordnung gewesen. Beim Durchsehen der Schiffspapiere stellte man aber fest, daß Kapitän William Wormel das Schiff nicht bis zur letzten Minute geführt hatte. Denn das Schiffstagebuch war in einer anderen Handschrift weitergeführt worden. Außerdem hatte in den letzten Tagen ein anderer als der Kapitän die Kajüte bewohnt. Sofort gab es einen Verdacht: Das Schiff könnte zur Zeit der Prohibition in Alkoholschmuggel verwickelt gewesen sein, die Mannschaft war möglicherweise ermordet und die Ladung von einem anderen Schiff übernommen worden. Beweisen ließ sich das aber nie.

Manche Geisterschiffe irrten auch in halb gesunkenem Zustand über die Meere. Eine der merkwürdigsten Begegnungen hatte der amerikanische Frachter SICKBY. Die Brückenwache entdeckte am 26. März 1933 vor Neufundland ein treibendes Wrack, das wie aus dem Nichts aufgetaucht war. Sie identifizierte es als die vier Jahre zuvor von der Mannschaft verlassene WYER SARGENT aus Liverpool. Mehr als ein Jahr später kollidierte die SICKBY in der Cheasapeake-Bay mit einem plötzlich auftauchenden Wrack. Für ein Ausweichmanöver war es zu spät, der Steven der SICKBY zertrümmerte den Havaristen. Nur einige Wrackteile schwammen noch an der Oberfläche. An ihnen konnte die Besatzung erkennen, daß sie soeben die

WYER SARGENT endgültig auf den Meeresgrund geschickt hatte. Abergläubische Seeleute hatten ihre Bestätigung – so eine unwahrscheinliche doppelte Begegnung konnte kein Zufall sein. Immerhin hatte das treibende Wrack in zwölf Monaten mehr als 1000 Seemeilen zurückgelegt.

Über weite Strecken treibende Wracks sind wiederum kein Einzelfall. Die halb versunkene und 1891 von der Mannschaft verlassene FANNY E. WELSTON wurde 46mal auf dem Atlantik von Schiffen gesichtet. Sie trieb halb über den Atlantik und wieder zurück, bis zu der Stelle, an der sie von der Mannschaft verlassen worden war. Dort versank das Wrack. Solche unerklärlichen Vorfälle gaben dem seemännischen Aberglauben jedesmal neue Nahrung.

Selbst in anderen Fällen, in denen man nachvollziehen konnte, was einem Schiff zum Verhängnis geworden war, zog dies ausführliche und sensationelle Berichte in Zeitungen nach sich. Tragödien auf See waren immer für eine Schlagzeile gut. Sensationspresse ist keine Erfindung unserer Tage. Es gab im 19. Jahrhundert eine ganze Reihe von Zeitschriften, die Kriminal- und andere sensationelle Fälle schilderten und sie mit phantasievollen Grafiken illustrierten.

Einer dieser sensationellen Berichte entstand, als die Mannschaft des Schoners LANCASTER auf seiner Reise von Charlestown auf der Prinz-Edward-Insel nach Sydney am 18. August 1872 ein entmastetes Schiff entdeckte, das scheinbar von seiner Besatzung verlassen war. Der Kapitän und mehrere Besatzungsmitglieder ruderten zu dem Wrack hinüber und waren entsetzt. Eine zeitgenössische australische Zeitung schilderte später in einem ausführlichen Bericht, was die Seeleute vorfanden:

»Zersplitterte Spieren, verstrickte Segel mit Takelage, von Wind und Wasser geborstene Planken. Noch schauriger war der Anblick, der sich bei näherer Untersuchung bot. Unter einem wilden Haufen von Segeln und Tauen fand man die von einer herabgestürzten Spiere gebrochenen Knochen eines menschlichen Skeletts. Schädel und Rippen waren mehr oder weniger pulverisiert. Die Fetzen einer Leinenhose und einer Seemannsjacke fanden sich zwischen und neben den Knochen. Weiteres Suchen brachte noch fünf andere Gerippe ans Licht. Eine dünne Schicht verdorrten Fleisches, die vier der Skelette aufwiesen, ließ vermuten, daß diese später als die anderen gestorben waren. Man fand auch einige Kombüsengeräte, die Kapitän Martin selber untersuchte, um festzustellen, ob sich zur Todeszeit dieser Männer irgendwelche Nahrung an Bord befunden hatte. Aber keiner der Töpfe und keines der Gefäße in der Kombüse enthielt auch nur einen Essensrest. Dies schien den Kapitän davon zu überzeugen, daß die Mannschaft verhungert sei. Der Anblick des düsteren Todesschiffes war entsetzlich. Man stellte fest, daß das Schiff als Brigg aufgetakelt war. Das Heck trug keinen Namen, und nur am Bug war noch GLENALVON *zu lesen. Das Ruderhaus war fortgerissen worden und das Steuerrad zerbrochen. Dies, so berichtete der Kapitän, war das Resultat ungeheurer Wellen. Der vordere Mast war gekappt worden, um das Schiff vor dem Versinken zu retten – eine der äußersten Notfallmaßnahmen während eines Hurrikans auf hoher See.*

Beim Betreten der Kajüte nahm der Kapitän einen fauligen Geruch wahr, der nicht zu stark war, um eine gründliche Untersuchung zu verhindern. Am Fuß der Treppe, die in die Kajüte herunterführte, stand eine stinkende Wasserlache, durch die die Männer hindurchwaten mußten, um den restlichen Teil der Kajüte zu erreichen. Zwischen einem Tisch und einer Bank ragte aus einer Wandkoje der Kopf einer Leiche hervor, die, an Deck gebracht, sich als im Zustand der Verwesung begriffen erwies. Die Leiche war mit einer zugeknöpften Jacke aus gutem Tuch, einer blauen Hose, einem mit T. T. gezeichneten Flanellhemd und einem Stiefel bekleidet. Der Chronometer in der Kajüte stand auf halb fünf Uhr, auf dem Tisch lagen eine umgekehrte Bibel, ein Revolver mit zwei geladenen Kammern und eine Flasche, die einen Zettel mit den folgenden Worten enthielt: ›Jesus bring uns Hilfe. Gnädiger Gott laß uns nicht verderben.‹
In der Kapitänskajüte fand man den Leichnam des Kapitäns gekrümmt auf dem Boden liegen, so als ob er, noch getrieben von der schwachen Hoffnung, seine Besatzung und sich selbst zu retten, entkräftet dahingesunken wäre. Auf dem Bett lagen Bücher, Papiere usw. verstreut. Eines der Papiere erregte makabre Aufmerksamkeit, da es sich um einen Brief des Kapitäns an seine Frau handelte, in dem er sie seines Wohlbefindens versicherte. Die Schiffspapiere wurden nicht offen gefunden, doch ergriff der Kapitän von einer geschlossenen Schatulle Besitz, die man in der Kapitänstruhe entdeckt hatte und in der man wichtige Dokumente vermutete.

Gegen sieben Uhr abends zelebrierte der Kapitän den traurigen Gottesdienst für ein Begräbnis auf hoher See. Anstelle von Särgen benutzte man alte Leinwand, die man schnell zu groben Säcken vernähte. Nach dieser Zeremonie ruderte die Besatzung wieder zur ›Lancaster‹ zurück, froh, das düstere Schiff zu verlassen, das so viele Tote beherbergte, so manches Todesröcheln vernommen und das so furchtbare Toben des Meeres und des Windes, die für all diese Toten und all diese Zerstörung verantwortlich waren, gehört hatte. Kapitän Martin hat den Behörden in Sydney das gesamte Beweismaterial übergeben, damit das wahre Schicksal der GLENALVON *ans Licht kommen möge.«*

Keiner dieser rätselhaften Vorfälle wurde jemals so sehr mystifiziert und wurde so bekannt wie das Schicksal der MARY CELESTE.

Doch zurück zum Geschehen in Gibraltar: Das öffentliche Interesse am Schicksal der MARY CELESTE war bald erloschen, die unterschiedlichen Theorien ausdiskutiert und an jeder ein Haken, ein Stück Unwahrscheinlichkeit gefunden worden. Da erhielt die Diskussion um das Schicksal des Schiffes am 16. Mai 1873 neue Nahrung. Die Liverpooler Tageszeitung *Daily Albion* veröffentlichte an diesem Tag eine Nachricht, die sie als Depesche aus Madrid erhalten hatte. Spanische Fischer aus dem Hafen Baudus hatten etwa 20 Meilen vor der Küste Asturiens zwei Flöße gefunden. Auf dem ersten, dem kleineren, fand man einen Toten und eine zerrissene, verblichene amerikanische Flagge. Auf dem zweiten lagen die schon weitgehend verwesten Leichen von fünf Menschen. Die britischen Journalisten witterten eine sensationelle Story und vermuteten gleich einen Zusammenhang mit der verschwundenen Mannschaft der MARY CELESTE. Doch die Herkunft der Toten war von den spanischen Behörden nicht weiter untersucht worden, und es gelang dem Reporter des *Daily Albion* auch nicht, die Fischer ausfindig zu machen. So verlief eine Chance, etwas Licht in das Dunkel um die MARY CELESTE zu bringen, im Sande. Es ist aber unwahrscheinlich, daß es sich um Überlebende der MARY CELESTE gehandelt hat. Denn diese hatten das Schiff ja offensichtlich mit dem Beiboot in heller Panik verlassen. Da wird kaum Zeit gewesen sein, zwei Flöße zusammenzuzimmern. Außerdem wäre ein führungsloses Floß aufgrund der in diesem Seegebiet vorherrschenden Strömung nicht an die Nordküste Spaniens, sondern eher nach Süden in Richtung Afrika getrieben.

Allerlei Seemannsgarn

Im Jahre 1884, also ziemlich genau elf Jahre nach der rätselhaften Begegnung der beiden Segelschiffe, erhielten die Gerüchte um die Mary Celeste abermals neue Nahrung. Das Londoner *Cornhill Magazine* hatte eine reißerische Kurzgeschichte unter dem Titel: »J. Habakuks Statement« veröffentlicht. Der Autor war zwar anonym geblieben, hatte seinen Bericht jedoch in der Ich-Form geschrieben. Deshalb nahmen alle Leser an, der Erzähler, ein angeblicher amerikanischer Arzt namens Jephson, sei auch der Verfasser.

Dieser Dr. Jephson behauptete, er sei am 6. November 1872 zusammen mit zwei anderen Passagieren für eine Passage nach Europa an Bord der Mary Celeste gegangen. Die beiden anderen waren der Reedereivertreter John Harton und sein Begleiter, der Mischling Septimus Goring aus New Orleans. Kurz vor dem Auslaufen waren anscheinend zwei Mann der Besatzung desertiert. Der Kapitän hätte sie dann kurzerhand durch zwei schwarze Matrosen ersetzt, Freunde von Goring, die angeblich zufällig auftauchten und sofort bereit waren, für diese Reise anzuheuern.

Am zehnten Tag der Reise waren Frau und Tochter des Kapitäns plötzlich und unter mysteriösen Umständen verschwunden. Einen Tag später lag der Kapitän tot in seiner Kajüte, neben ihm ein Revolver. Die Passagiere und verbliebenen Besatzungsmitglieder vermuteten, er habe wohl aus Verzweiflung über das Verschwinden von Frau und Tochter Selbstmord begangen. Das Kommando übernahm nun der Zweite Offizier, der in dem Bericht als Erwin Hyson bezeichnet wurde.

Während der folgenden zwei Wochen beobachtete Dr. Jephson, daß in Wirklichkeit nicht der Zweite Offizier das Kommando führte, sondern die Gruppe der drei Afrikaner mit Septimus Goring an der Spitze. Als der Arzt ihm zufällig einen Stein zeigte, den eine dankbare Schwarze ihm für eine kostenlose Behandlung geschenkt hatte und der wie ein menschliches Ohr geformt war, erlebte er eine überraschende Reaktion. Goring bezeichnete den Stein als kostbaren Talisman, der von einer Sekte in New Orleans verehrt wird, der er selbst und seine beiden Freunde angehörten. Einer der Afrikaner kniete bei dem Anblick des Steins sofort nieder und stimmte einen unverständlichen Bittgesang an.

Am nächsten Tag steigerte sich Dr. Jephsons Überraschung noch. Der Ausguck sichtete Land, aber beim Landfall stellte sich heraus, daß es nicht wie erwartet die spanische Küste, sondern die afrikanische war. Ein solcher Navigationsfehler war eine schwere Schmach für den Zweiten Offizier der MARY CELESTE. Er berichtete Dr. Jephson unter vier Augen, die Schwarzen hätten den

Kompaß und andere Navigationsinstrumente so verstellt, daß sie in die Heimat ihrer einst versklavten Vorfahren segeln konnten.

Kaum war die MARY CELESTE nur noch 50 Meter vom Ufer entfernt, da ruderte ein mit 50 Afrikanern bemanntes Kanu heran, enterte das Segelschiff und tötete alle Weißen an Bord. Nur Dr. Jephson wurde verschont, der geheimnisvolle Talisman rettete ihm das Leben. Die verlassene MARY CELESTE ließen die Afrikaner treiben und ruderten mit den drei amerikanischen Schwarzen und dem Weißen an Land. Das alles geschah vor der senegalesischen Küste, etwas nördlich vom Cap Blanco. Septimus Goring gestand Dr. Jephson, bewußt eine Verschwörung angezettelt zu haben, um mit einem Schiff nach Afrika zu segeln. Deshalb habe er die Familie des Kapitäns und schließlich auch ihn selbst mit einem Schuß aus dem Revolver getötet. Er habe auch die Navigationsinstrumente verstellt.

Goring kündigte an, der gesamten weißen Rasse den Krieg erklärt zu haben. Er wollte sich an die Spitze der Afrikaner stellen und mit ihnen Europa überfallen. Der afrikanische Stamm, bei dem sie Zuflucht fanden, verehrte genau einen solchen Talisman, wie ihn Dr. Jephson besaß, und so kam der Arzt trotz seiner unbeliebten weißen Hautfarbe unter den Afrikanern zu hohen Ehren.

Diese Entwicklung entsprach so gar nicht den Vorstellungen von Septimus Goring, und er wollte Dr. Jephson loswerden, weil er Angst hatte, dieser könnte ihn in seiner Machtposition verdrängen. Er brachte den Arzt jedoch nicht um, sondern verhalf ihm statt dessen mit einem Boot zur Flucht. In stürmischer See wurde Dr. Jephson schließlich von einem englischen Dampfer aufgenommen.

Der Bericht des unfreiwilligen Abenteurers endet mit den Worten:

»Seit dem Tag, an dem ich in den Schoß meiner Familie zurückgekehrt bin, habe ich nur sehr wenig über meine Erlebnisse gesprochen, weil ich schon von dem Unglauben bei den englischen Behörden in Gibraltar schmerzlich berührt wurde. Ich habe versucht, meinen Beitrag zur Sache der Gerechtigkeit zu leisten, doch keiner hat mir geglaubt, sogar meine eigenen Verwandten haben mit einem nachsichtigen Lächeln der Erzählung meiner Abenteuer gelauscht. Ich wollte eigentlich, daß alles in Vergessenheit gerät, doch mein Sohn hat mich dazu überredet, diesen Bericht zu veröffentlichen.

Ich habe die Geschehnisse geschildert, wie sie abgelaufen sind, ohne mich um die öffentliche Meinung zu kümmern. Meine Gesundheit ist angeschlagen, und ich verspüre das Bedürfnis, mit meinem Gewissen Frieden zu schließen, um endlich innere Ruhe zu finden. Nehmen Sie nun eine Landkarte von Afrika zur Hand. Ein wenig nördlich von Cap Blanco befindet sich das Reich von Septimus Goring. Vielleicht ist er noch am Leben, beschützt von dem ohrenförmigen Stein, den er mir im Tausch gegen meine Freiheit abverlangt hat. Eine Freiheit, die seine Autorität und sein Prestige stärken sollte. Doch nur wenige Meilen entfernt ruhen im Meer die entseelten Körper Hartons, Hysons und der weißen Matrosen, die an Bord der MARIE CELESTE *ermordet worden sind.«*

Es mag dieser theatralische Schluß gewesen sein, der Staatsanwalt Solly Flood glauben machte, der Bericht von J. Habakuk Jephson sei authentisch. Dabei hätten ihn einige Details stutzig machen müssen, die ihm nach seinen eigenen ausgiebigen Untersuchungen durchaus bekannt gewesen sein mußten. Denn das Schiff wurde als MARIE CELESTE bezeichnet, außerdem stimmte der Name des Zweiten Offiziers nicht mit der Besatzungsliste überein. Wenn tatsächlich ein Überlebender der MARY CELESTE in Gibraltar aufgetaucht und von den Behörden vernommen worden wäre, dann hätte der Staatsanwalt davon sicherlich als einer der ersten erfahren. Daß Solly Flood diese Geschichte für wahr hielt, beweist, wie sehr er sich in seine eigene Theorie von Mord und Meuterei verrannt hatte.

Aber auch andere Einzelheiten des Berichts stimmten nicht mit den Tatsachen überein und waren leicht zu widerlegen. Bei den vorherrschenden Strömungen wäre das führungslose Schiff niemals vom Cabo Blanco nach Norden gedriftet, sondern vom Kanarenstrom und dem Nordost-Passat nach Süden geführt worden. Das hätte jeder Kapitän jener Zeit bestätigen können. Doch Flood nahm all diese Widersprüche nicht zur Kenntnis, sondern schrieb einen Brief an seinen alten Gegenspieler, den amerikanischen Konsul Sprague, und machte ihn auf den Bericht im *Cornhill Magazine* aufmerksam. Triumphierend merkte er an, er hätte ja gleich gesagt, hinter dem ganzen angeblichen Rätsel stecke nur ein Fall von Meuterei.

Doch Flood machte sich selbst unglaubwürdig, indem er hinzusetzte, er habe von einem hohen deutschen Beamten erfahren, die vier deutschen Matrosen seien in ihrem

Heimatland untergetaucht. Damit verwickelte sich der Staatsanwalt selbst in Widersprüche, denn in J. Habakuks Statement hatte es doch geheißen, die weißen Matrosen seien allesamt ermordet worden.

Sprague glaubte folglich kein Wort des Berichtes und der Interpretation Solly Floods, stellte aber vorsichtigerweise trotzdem Nachforschungen in Deutschland an. Sie verliefen wie erwartet, die Männer waren in ihrer Heimat nie wieder gesehen worden, und ihre Angehörigen hatten bereits jede Hoffnung aufgegeben. Doch aufgrund der Nachforschungen nahmen sich nun auch deutsche Zeitungen des Themas an und berichteten über das seltsame Verschwinden der vier Matrosen von der Nordseeküste. Damit nahm eine weitere Nation Anteil am Geheimnis der MARY CELESTE. Es zeigt, wie solche Berichte die Diskussion um das rätselhafte Schiff weiter anheizten und wie groß der Anteil der Presse am Entstehen des Mythos um die MARY CELESTE war.

Trotz all dieser Zweifel veröffentlichte der amerikanische *Boston Herald* im Jahre 1885 ebenfalls J. Habakuk Jephsons Statement und stellte ihn als einzige, sichere, echte und erschöpfende »Aufklärung« des Geheimnisses vor.

Mit einer so starken Resonanz hatte der Autor des Berichtes in seinen kühnsten Träumen nicht gerechnet, er hatte sie auch gar nicht beabsichtigt. Der Mann war gerade erst 25 Jahre alt, hatte ein Medizinstudium absolviert und in Southsea eine Praxis eröffnet, die nicht viel Geld abwarf. So versuchte er sich ein paar Pfund zusätzlich zu verdienen, indem er anonym Geschichten für Jugendmagazine schrieb. Dazu gehörten auch Seegeschichten.

Eine Illustration des angeblichen Selbstmordes von Kapitän Briggs nach der Erzählung *J. Habakuk Jephson's Statement* von Arthur Conan Doyle.

Für J. Habakuk Jephsons Statement erhielt er 30 Pfund. Der Name des Schreibers wurde erst 1890 einer breiteren Öffentlichkeit bekannt, als sein Verleger einen Sammelband mit all seinen Seegeschichten herausgab. Dieser damals noch unbekannte Autor hieß Arthur Conan Doyle und wurde ein Jahr später Schöpfer des berühmten Detektivs Sherlock Holmes und seines Assistenten Dr. Watson. Er hatte damit zwei Figuren geschaffen, die er ebenfalls so lebensnah schilderte, daß viele Leser sie für lebende Menschen hielten und sogar Trauer trugen, als Holmes eines Tages bei seiner detektivischen Arbeit tödlich verunglückte.

Schriftstellerisches Aufarbeiten bekannter Kriminalfälle war während des 19. Jahrhunderts bis hin zum Ersten Weltkrieg bei europäischen und amerikanischen Lesern sehr beliebt. Den Weg dafür hatte neben anderen der bekannte amerikanische Schriftsteller Edgar Allan Poe bereitet, der mit seinem Interesse an der dunklen Seite der menschlichen Psyche in der ersten Hälfte des 19. Jahrhunderts geradezu eine düstere Romantik geschaffen hatte, die seine Leser bis heute entweder abstößt oder aber begeistert.

Mit den Geschichten vom »Doppelmord in der Rue Morgue« und dem »Geheimnis von Marie Rogets Tod« faszinierte er seine Leser, indem er akribisch Fakten um rätselhafte Fälle zusammentrug, sie auswertete, daraus seine analytischen Rückschlüsse zog und so schließlich den Fall löste. Eine spannende Methode, mit der Poe zum Vorbild vieler späterer Kriminalschriftsteller wurde.

Sie konnten also ein breites Interesse ihrer Leserschaft voraussetzen, als die Redakteure des *Strand Magazine* im Jahre 1913 vier Schriftsteller einluden, anhand der bekannten Fakten Erzählungen über das Rätsel der MARY CELESTE zu schreiben und so zu schildern, was möglicherweise an Bord des Segelschiffes geschehen war.

Das New Yorker *Nautical Magazine* hatte diese angeblichen Fakten noch einmal in einem vorbereitenden Artikel zusammengefaßt, der aber viele Mutmaßungen, Ungenauigkeiten und offensichtliche Irrtümer enthielt.

Heute ist nicht mehr herauszufinden, inwieweit die vier Schriftsteller diesen Artikel als Vorlage benutzten, es ist auch unerheblich. Denn ein solcher Bericht in einer ansonsten angesehenen Schiffahrtszeitschrift zeigt, wie wenig damals wirklich über die Fakten bekannt war und wie großzügig mit dem wenigen Bekannten umgegangen wurde.

Der Schriftsteller Barry Pain versetzte sich in die Lage der Menschen an Bord und fand tatsächlich einen Widerspruch, der einen wichtigen Schlüssel auf der Suche nach der Wahrheit enthält: *»Besatzung und Passagiere haben das Schiff nicht freiwillig und nicht nach einem festen Plan verlassen. Aber wodurch wurden sie gezwungen, die* MARY CELESTE *panikartig zu verlassen? Es war Angst. Wären sie von irgendeinem weniger wichtigen Vorfall veranlaßt worden, von Deck zu gehen, dann hätten sie zuerst möglicherweise ihr Frühstück beendet und dann ihre persönliche Habe mitgenommen. Sie wurden aber offensichtlich gezwungen, ihr Schiff sofort aufzugeben. Warum? Weil sie Angst hatten!«* Dieser Eindruck Pains drängt sich tatsächlich immer wieder auf, wenn man die Aussagen jener liest, die das Schiff damals als Augenzeugen zuerst sahen. Der Schriftsteller meint, wenn der Grund für diese Panik nicht an Bord entstand, dann muß er logischerweise von außen gekommen sein.

Als erzählerische Lösung bietet Pain an, die Mannschaft der MARY CELESTE und die Familie des Kapitäns seien von einem anderen Schiff entführt worden. Kurz zusammengefaßt lautete seine Theorie: Auf einem unbekannten Schiff, das noch dazu in zweifelhafte Geschäfte verwickelt war, hatte ein tödliches Fieber einen Großteil der Mannschaft dahingerafft. Es gab nicht genügend Überlebende, um weiterzusegeln und ein Notsignal wagte die Schiffsführung nicht zu setzen, weil dann Fremde zu einer Inspektion an Bord kommen und die zwielichtigen Geschäfte entdecken könnten. Deshalb schickten sie bei einer zufälligen Begegnung mit der MARY CELESTE unter einem signalisierten Vorwand ein Boot zu der Brigantine hinüber. Als sie an Bord standen, bedrohten sie die Besatzung plötzlich mit Revolvern, zwangen sie, in das Boot zu steigen und mit auf das Schiff mit der vom Fieber reduzierten Besatzung zu kommen.

Wenn nirgendwo ein Überlebender der MARY CELESTE aufgetaucht ist, liefert Barry Pain auch dafür eine Erklärung: »*Vielleicht sind sie ebenfalls am Fieber gestorben, vielleicht auch mit dem unbekannten Schiff untergegangen. Es ist aber auch möglich, daß einer von ihnen noch am Leben ist. Doch wird ein ehrlicher Mensch, der zu unehrlicher Arbeit gezwungen wurde, aus Scham wohl lieber schweigen und seine wahre Identität verbergen.*« Die Möglichkeit, daß die mit Gewalt gepreßte Ersatzbesatzung nach Löschen der kriminellen Fracht einfach umgebracht wurde, zieht Pain nicht in Betracht. Sie wäre aber nicht verwunderlich bei einer Crew, die skrupellos eine gesamte Besatzung kidnappt und in eigene Dienste zwingt.

Glaubwürdig jedoch ist die gesamte Theorie Pains nicht – sie zeugt von wenig Wissen über das Lebens auf See zur Zeit der Segelschiffahrt. Erstens ist es unwahrscheinlich, daß die gesamte Mannschaft der MARY CELESTE sich von wenigen Revolvern in Schach halten ließ. Seeleute, besonders jene auf Segelschiffen, gehörten zu jener Zeit nicht zu der ängstlichen Sorte. Es ist kaum glaubwürdig, daß zwei Revolver ausreichten, zehn Menschen, die zum Teil über, zum Teil unter Deck waren, über lange Zeit einen fremden Willen aufzuzwingen. Mehr als zwei, höchstens drei Revolver können es aber nicht gewesen sein. Denn das Beispiel der Bergung der MARY CELESTE zeigt ja, daß eine Brigantine als typischer Frachtsegler jener Jahre notfalls mit drei Mann gesegelt werden konnte. Hätte es auf dem unbekannten Fieberschiff also nur drei oder vier Überlebende gegeben, so hätte es für eine solche tollkühne Verzweiflungstat wie das Kidnappen einer ganzen Mannschaft keinen Grund gegeben. Außerdem bedeutete es für wenige Seeleute an Bord eines Schiffes eine große Gefahr, zusammen mit Menschen zu fahren, die sie nur mit Waffengewalt zu ihrer Arbeit zwingen konnten. Es gibt genug Beispiele, nach denen sogar in Ketten liegende Sklaven, die von einer großen und schwerbewaffneten Mannschaft bewacht wurden, sich erfolgreich gegen die Bewacher erhoben. Zwei oder drei Mann, die zehn Fremde an Bord Tag und Nacht im Auge behalten müßten, hätten kaum eine Chance gehabt, in einer mehrtägigen Reise den nächsten Hafen zu erreichen.

Über das Fehlen von Informationen für eine komplette Geschichte über die MARY CELESTE beklagte sich der Schriftsteller Morley Roberts. Er wollte sich nicht auf reine Spekulationen einlassen: *»Dreißig Jahre lang habe ich immer wieder über das Geheimnis der* MARY CELESTE *nachgedacht, doch bin ich nie zu einer einigermaßen einleuchtenden Lösung des Rätsels gelangt. Die uns bekannten Angaben reichen nicht aus, um irgendwelche Rückschlüsse ziehen zu können. Wüßten wir beispielsweise mehr aus dem*

Vorleben der einzelnen Menschen an Bord, so könnten wir eher Vermutungen anstellen. Selbstverständlich wäre es leicht, eine frei erfundene Hypothese zusammenzubasteln, doch würden wir in diesem Fall die wenigen bekannten Tatsachen noch weiter verfälschen. Ich glaube jedenfalls, daß es eine sehr einfache Erklärung dafür geben muß. Manchmal ist mir schon der Gedanke gekommen, ob der Kapitän nicht vielleicht alles nur inszeniert hat, und ob dann aus irgendeinem Grund sein ursprünglicher Plan mißglückt ist. Vielleicht handelt es sich auch nur um finanzielle Dinge. Mit der zweifelsfreien Feststellung, die Flecken auf dem Säbel und auf dem Deck seien kein menschliches Blut, ist aber einer der möglichen Schlüssel zur Lösung des Geheimnisses zunichte gemacht worden.«

Der Schriftsteller Horace Annesly Vachell machte Naturgewalten für das Rätsel verantwortlich und untermauerte dies zugleich mit wissenschaftlich erscheinenden Thesen: *»Man sollte die These von Piraterie und Meuterei ein für allemal verwerfen, weil sie nicht stichhaltig erscheint. Ich neige eher zu der Annahme, daß eine unvorhergesehene Naturkatastrophe die Menschen veranlaßt hat, über Bord zu gehen, woraufhin sie ertranken. Es könnte sein, daß nach einer unterirdischen Explosion vulkanischen Ursprungs ein tödliches Gas frei ausströmen konnte, so daß diese Dämpfe eine Zeitlang wie eine große Wolke über der Meeresoberfläche schwebten.«* Da aber kein einziger Mensch mit Vergiftungserscheinungen an Bord gefunden wurde, mußte Vachell mit vielen »wenns« erklären, weshalb alle Menschen vom Schiff verschwunden waren, und damit mehr neue Fragen stellen als Antworten geben.

Nach seiner Theorie hat das ausgeströmte Gas die Menschen an Deck zunächst betäubt und anschließend einen brennenden Durst hervorgerufen. Aufgrund ihrer entsetzlichen Schreie seien diejenigen, die sich zu der Zeit unter Deck aufhielten, nach oben gestürzt, hätten ebenfalls das Gas eingeatmet, seien wahnsinnig geworden und in die See gestürzt.

Die Schwachstelle seiner Theorie erkannte Vachell selbst, als er hinterfragte: »*Das, was geschehen ist, muß sich in unglaublicher Schnelligkeit abgespielt haben, die Besatzung muß innerhalb weniger Sekunden umgekommen sein. Aber wie? Nur eine Selbstmordtheorie kann dieses Massensterben erklären, von dem nicht das geringste Anzeichen zurückblieb. Es muß ein Selbstmord gewesen sein, dem ein allgemeiner Wahnsinn voranging. Es gibt kein Gift, das, über das Essen eingenommen, derart schnell und gleichzeitig wirken würde. Deshalb muß das Gift von der Natur in großer Menge geliefert worden sein.*«

Und dann kommen seine Fragen und eine wissenschaftlich erscheinende Antwort: »*Gibt es in den Laboratorien Gase, die Wahnsinn und Todessehnen hervorrufen? Wenn diese Gase auf der Basis von Kohlensäure-Anhydrid beruhen, müssen sie so schwer sein, daß sie auf der Oberfläche des Meeres hängenbleiben, bis sie von atmosphärischen Veränderungen verweht oder abgeschwächt werden. Vielleicht hat sich dieser Vorfall bei völliger Flaute ereignet, wodurch die* MARY CELESTE *daran gehindert wurde, der tödlichen Wolke zu entrinnen. Ich bin kein Chemiker und schlage diese Lösung daher aufs Geratewohl vor...*« Damit gibt Vachell zu, daß seine Theorie einige Schwachstel-

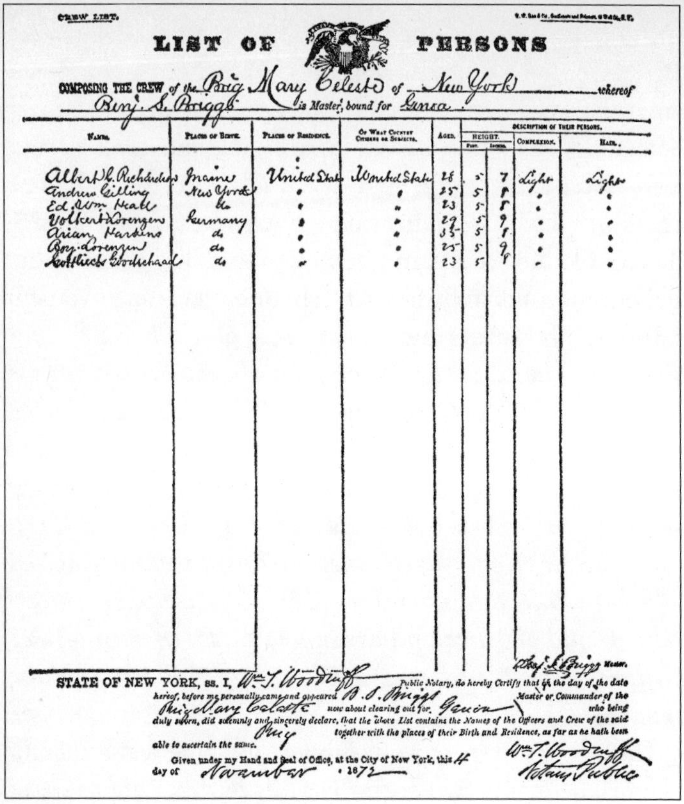

CREW LIST.

LIST OF PERSONS

COMPOSING THE CREW of the Brig Mary Celeste of New York whereof Benj. S. Briggs is Master, bound for Genoa.

Name	Place of Birth	Place of Residence	Of What Country Citizens or Subjects	Aged	Height Feet	Height Inches	Complexion	Hair
Albert G. Richardson	Maine	United States	United States	28	5	7	Light	Light
Andrew Gilling	New York	"	"	25	5	8	"	"
Ed. Wm Head	do	"	"	23	5	8	"	"
Volkert Lorenzen	Germany	"	"	29	5	9	"	"
Arian Harbens	do	"	"	35	5	7	"	"
Boz. Lorenzen	do	"	"	25	5	9	"	"
Gottlieb Goodschaad	do	"	"	23	5	8	"	"

Benj. S. Briggs Master.

STATE OF NEW YORK, ss. I, Wm. T. Woodruff Public Notary, do hereby Certify that on the day of the date hereof, before me personally came and appeared B. S. Briggs Master or Commander of the Brig Mary Celeste now about clearing out for Genoa who being duly sworn, did solemnly and sincerely declare, that the above List contains the Names of the Officers and Crew of the said Brig together with the places of their Birth and Residence, as far as he hath been able to ascertain the same.

Given under my Hand and Seal of Office, at the City of New York, this 4 day of November 1872

Wm. T. Woodruff
Notary Public

Die Mannschaftsliste mit den Namen der Mitsegelnden, die alle spurlos verschwanden.

len hat. So ist es unwahrscheinlich, daß alle Menschen sich fast gleichzeitig in die See stürzen und kein einziger von ihnen an Deck zusammenbricht und dort später gefunden wird. Außerdem ist das Verschwinden des Beibootes damit auch nicht annähernd erklärt.

Einen Fanatiker, ein menschliches Monstrum, machte der Schriftsteller Arthur Morrison für das Verschwinden aller Menschen von Bord der MARY CELESTE verantwortlich – den Vollmatrosen Joseph Hallers, den man in Seemannskreisen nur »Holy Joe« nannte und der auf der letzten Fahrt der MARY CELESTE angeheuert hatte. Mit der Wahl des Namens und der Schilderung des Charakters nimmt Morrison für sich gar nicht in Anspruch, sich an die Fakten zu halten. Denn die Mannschaftsliste des geheimnisvollen Schiffes ist erhalten, und darin taucht kein Joseph Hallers auf.

Laut Morrisons Erzählung hatte »Holy Joe« einen riesigen Körperbau mit enormen Händen und Armen. Er war von den »Geheimnissen des Himmels« besessen und gab vor, sie zu enthüllen und auszulegen. Er lebte in einer Geisterwelt, mit der er in ständigem Kontakt stand, der Tod existierte für ihn nicht, ständig umgaben ihn Verstorbene. Unterwegs hatte er in religiöser Raserei seinen Glauben verkündet, und wegen seiner Körperkräfte wagte ihm zunächst niemand zu widersprechen. Verhöhnte ihn aber doch einmal jemand, dann drohte er ihm, er werde ihm die Glückseligkeit zukommen lassen, »das Licht zu sehen«. Tatsächlich verschwand nach und nach ein Besatzungsmitglied nach dem anderen, Holy Joe hatte es über Bord geworfen. Wegen seiner Körperkräfte nahm es aber niemand mit ihm auf. So blieb er schließlich allein an Bord zurück, bis auch er sich in die See stürzte.

Bei dieser Erzählung ist ebenfalls unwahrscheinlich, daß die gesamte Mannschaft es nach dem ersten Zwischenfall nicht geschafft haben sollte, den fanatischen Vollmatrosen gemeinsam zu überwältigen und daß von seiner Raserei keinerlei Kampfspuren zurückblieben.

Trotz aller Widersprüche und obgleich sie sich nicht an

die Fakten hielten, damit also nichts zur Aufklärung der wahren Vorfälle auf der MARY CELESTE beitrugen, waren die Erzählungen aus dem *Strand Magazine* bei den Lesern ein voller Erfolg. Viele Zeitungen druckten die Geschichten nach und heizten so die Mutmaßungen erneut an, ohne jedoch neue Erkenntnisse zu liefern.

Bis heute wurden in Zusammenhang mit der MARY CELESTE unzählige Fiktionen und wenige Fakten geschildert. Wenn aber die Leser offenkundige Fiktionen schon für Wahrheiten hielten, um wieviel mehr mußten sie Geschichten vertrauen, die vorgaben, wahr zu sein? Immer wenn rätselhafte Vorfälle die Weltöffentlichkeit beschäftigen, es aber keine Möglichkeit gibt, die Wahrheit zu überprüfen, dauert es nicht lange, bis sich Augenzeugen oder Überlebende melden. Sie konnten sich auch im 19. Jahrhundert schon großer Aufmerksamkeit sicher sein und von den Zeitungen manches gute Honorar einstreichen. So war es auch bei der MARY CELESTE.

Der Londoner *Daily Express* veröffentlichte den Bericht eines solchen Überlebenden, namens R. E. Greenhough. Frei nacherzählt lautete er so:

»Im Jahre 1904 heuerte ich als Schiffsjunge auf der Bark ARDORINHA *für eine Reise nach Valparaiso und zurück an. Eines Tages wurde mir befohlen, vom St.-Pauls-Felsen, einer kleinen felsigen Insel im Meer, mit dem Beiboot Sand zu holen, mit dem an Bord Werkzeuge geschmirgelt werden sollten.*

Auf der Insel, in einer Bucht mit feinstem Sandstrand, entdeckten wir ein menschliches Skelett, das an einem Felsen lehnte. In der Nähe des Skeletts fanden wir eine Flasche mit einer Botschaft in deutscher Sprache. Sie war schwer zu lesen, da die Tinte schon verblaßt und das Papier vergilbt war. An Bord wurde die Botschaft entziffert. Sie lautete: ›Ich muß sterben. Mein Schiff ist vor drei Tagen auf diese Klippen aufgelaufen und in kürzester Zeit gesunken ... Ich bin allein ... Ein Strand. Es gibt kein Wasser mehr und ich sterbe vor Durst.

Es ist eine unglückliche Reise gewesen ... getötet im Maschinenraum. Drei Tote in zwei Tagen. Dann am siebten Tag ... das Gift ... Der Chronometer ist stehengeblieben, in meiner Angst hatte ich vergessen ihn aufzuziehen. Das war das Ende. Ich bin zu schwach für ... den Kessel. Seit drei Tagen treiben wir hilflos umher.

Wir hätten Hilfe anfordern müssen, um nach Gibraltar geschleppt zu werden, wo wir Matrosen hätten anheuern können. Aber das wäre unser Ruin gewesen, weil das Schiff nicht versichert ist. Wenn die Engländer das entdeckt hätten, wären wir im Gefängnis gelandet und die Ladung beschlagnahmt worden. Schließlich ist es mir gelungen, den Kessel zu versorgen und nach Lissabon zu steuern. Frühmorgens haben wir eine kleine Brigantine gesichtet. Der Zweite hat befohlen, die Besatzung zu übernehmen. Das war die Stimme des Teufels.

Wir sind an Bord gegangen, und der Kapitän hat gefragt, was wir wollten. Neben ihm standen die Frau und das Kind. Wenn die Frau und das kleine Mädchen nicht gewesen wären, wäre alles viel leichter geworden. Doch unser Zweiter packte den Kapitän an den Schultern und warf ihn mit Hilfe von zwei anderen von uns in die See. Seine Frau wurde ohnmächtig und erlitt das gleiche Schicksal. Wir richteten unsere Pistolen auf die entsetzte Besatzung.

Ein Mann lehnte sich auf und wurde erschossen, sein Körper ins Meer geworfen ...
Die Besatzung brachten wir auf unser Schiff. Wir ließen keinen zurück. Die Brigantine hieß MARY CELESTE. *Wollte Gott, daß ich ihr nie wieder begegne. Und wenn es geschieht ... dieses arme kleine Mädchen wird noch am Leben sein. Ich kann es nicht vergessen ...‹«*

R. E. Greenhough beendete seine Enthüllungen mit der Versicherung, der Dampfer sei 33 Jahre vor dieser grausigen Entdeckung untergegangen und in irgendwelche anrüchigen Geschäfte verwickelt gewesen.

Im November 1913 hatte das *Strand Magazine* seinen Lesern in Zusammenhang mit der MARY CELESTE wieder eine Sensation zu bieten. A. Howard Linford, M. A., Direktor der Mittelschule von Peterborough Lodge im Londoner Stadtteil Hampstead, hatte der Redaktion den Bericht eines Überlebenden zugeschickt. Um den Wahrheitsgehalt des Papiers zu untermauern, schilderte die Zeitung erst einmal Linford selbst, einen Mann, der sich aufgrund seines Charakters sicherlich nicht für eine Fälschung hergeben würde. Der Pädagoge hatte in Fachkreisen einen guten Ruf, weil er sich hartnäckig für die Verbesserung des Englisch- und Mathematikunterrichtes einsetzte, da er diese Fächer als unerläßliche Grundlage für jede spätere wissenschaftliche Ausbildung hielt. Die Erfolge seiner Schüler untermauerten Linfords guten Ruf. Einer hatte eine Goldmedaille gewonnen, die ihm König Eduard VII. persönlich überreicht hatte, als er einen neuen Vortragssaal in Rugby einweihte, zwei andere wurden mit dem Shakespeare-Preis in Harrow bzw. Westminster für gute Leistungen in Englisch und Mathematik ausgezeichnet.

Linford hatte den Bericht des Augenzeugen nicht einfach dem *Strand Magazine* zugänglich gemacht, sondern einen Begleitbrief geschrieben, in dem er schildert, wie die Aufzeichnungen in seine Hände gelangt waren:

»Sir, ein Freund hat mich auf Ihren Artikel über die MARY CELESTE *in der Juli-Ausgabe hingewiesen. Als ich ihn las, kam mir der Name* MARY CELESTE *irgendwie bekannt vor. Aber es hat noch einige Tage gedauert, bis ich mich daran erinnern konnte, unter welchen Umständen ich ihn schon einmal gehört hatte. Endlich fiel mir ein, daß mein früherer Diener Abdel Fosdyke mir kurz vor seinem Tod drei große Schachteln voller Manuskripte und Dokumente anvertraute. Unter diesen Papieren, so sagte er, befindet sich auch die wahre Geschichte über* MARY CELESTE. *Ich dachte damals, es handle sich um eine Frau, und schloß die Schachteln in einen Schrank ein, da ich zu jener Zeit keine Ahnung von einer Brigantine namens* MARY CELESTE *hatte. Ich möchte Sie auch darauf hinweisen, daß ich mich für die Glaubwürdigkeit der Erzählung nicht verbürgen kann. Während der Jahre, die Abdel bei mir Dienst tat, hat er auch nie nur ein Wort über die* MARY CELESTE *verloren. Aber die Tatsache, daß er dreißig Jahre lang nicht nur Tagebuch geführt hat, ohne daß ich davon etwas bemerkte, sondern auch über die wichtigsten politischen und sozialen Ereignisse mit scharfer Beobachtungsgabe und in elegantem Stil geschrieben hat, beweist, daß er ein*

Mann von außerordentlicher Zurückhaltung und Selbstbeherrschung war.«

Diese von typisch britischem Understatement geprägte Einleitung mit ihrer glaubhaften Milieuschilderung weckte tatsächlich die Erwartung einer wahren Geschichte. Zumal Linford noch anmerkte, die Aufzeichnungen könnten endlich auch das Rätsel um die Einschnitte am Bug der Brigantine lösen, die Staatsanwalt Solly Flood ja so sehr beschäftigt hatten.

Nach Linfords Darstellung waren im Frühherbst des Jahres 1872 außerordentlich heftige Stürme über den Nordatlantik gezogen, so stark, daß diese Sturmperiode sogar der Londoner Zeitung *Times* einen Leitartikel wert war. Während der Stürme hätte Kapitän Briggs tage- und nächtelang an Deck sein müssen und sei nach dieser Anstrengung schließlich von einer starken nervösen Erschöpfung befallen worden, die ihn den Verstand verlieren ließ. Nachdem Linford die Leser so vorbereitet hatte, präsentierte er ihnen die Erzählung von Abdel Fosdyke. Sie begann mit den Worten: *»Es war im Frühherbst 1872, als die MARY CELESTE in New York ablegte, um nach Europa zu segeln.«* Fosdyke behauptete, er sei während mehrerer Reisen Steward an Bord gewesen, schildert die MARY CELESTE als einen ca. 600 Tonnen großen Segler, der einschließlich der Frau und Tochter des Kapitäns 14 Menschen an Bord gehabt hätte. Die Tochter beschreibt Fosdyke als ein sieben bis acht Jahre altes Kind. Insgesamt schilderte er die Besatzung lebendig und farbenfroh. Da gab es einen Zimmermann Joe, einen Matrosen, den alle nur Robin (Rotkehlchen) riefen, weil er ständig rote Pullover trug, den älteren Williamson und seinen Sohn, die alle an Bord Big Bill und Little Bill nannten, einen Darky, so genannt wegen seiner dunklen struppigen Haare, Ginger, der seinen Spitznamen seinen rötlichen Haaren verdankte, Bushy, den man nach dem buschigen Bart benannte, und schließlich durfte auch Shorty nicht fehlen, der Kleinste der Besatzung. Diese lebendige und bildhafte Schilderung leuchtete ein. Jeder, der schon einmal zur See gefahren war, wußte, daß neu zusammengewürfelte Schiffsmannschaften es gewohnt waren, solche Namen nach persönlichen Eigenschaften zu vergeben. Die konnte man sich schneller merken als die richtigen Namen, die nach einer Weile schon niemanden mehr interessierten.

Die einzelnen Charaktere hatte der Schreiber so glaubwürdig geschildert, daß niemand Fragen stellte. Dabei hätte ein Blick in die richtige Mannschaftsliste der MARY CELESTE genügt, um zu zeigen, daß es an Bord weder einen Steward Abdel Fosdyke noch zwei Männer namens Williamson gegeben hatte und daß sich an Bord auch nur zehn anstelle von 14 Menschen befanden. Die offizielle Mannschaftsliste war mehrfach veröffentlicht worden, man mußte gar nicht erst eine Anfrage bei den Behörden starten. Die MARY CELESTE lief auch nicht schon im Frühherbst 1872 von New York aus, sondern erst im November. So konnten die Stürme des Frühherbstes ihr gar nicht zu schaffen gemacht haben. Außerdem war Briggs' Tochter zwei Jahre alt und nicht sieben bis acht. Angesichts solcher Abweichungen von den Tatsachen könnte man den Bericht von Abdel Fosdyke also eigentlich hier abbrechen, da er wie so mancher andere davor und mancher spätere eine fiktive Geschichte ist und wenig zur Wahrheitsfindung beiträgt. Doch in Berichte über die MARY CELESTE fließen bis in unsere Zeit immer wieder Elemente aus solchen Erzählungen als angebliche Tatsachen ein. Außerdem wurde ein Film über das Schicksal des seltsamen Geisterschiffes gedreht, der Abdel Fosdykes Version einbezieht. So lohnt es sich doch, all diese Fiktionen zu erzählen. Nicht zuletzt, um aufzuzeigen, wie der Mythos um das Schiff überhaupt entstand. Außerdem zeigen die Beispiele, welche unwahrscheinlichen Geschichten der menschliche Geist sich aufbaut, wenn ihm keine Fakten geboten werden.

Bis heute sind immer wieder Berichte über die MARY CELESTE aufgetaucht, die vorgaben, Wahrheiten zu schildern, und Einzelheiten enthielten, die aus dem Zusammenhang gerissen wurden und den Eindruck erwecken sollten, es seien neue Fakten. Auch deshalb ist es wichtig, die fiktiven Geschichten über die MARY CELESTE zu kennen.

Lesen wir also weiter, wie Abdel Fosdyke die Vorgänge auf der MARY CELESTE schilderte. Das bereits erwähnte Unwetter, das vier Tage und vier Nächte dauerte, hatte Kapitän Briggs sehr zugesetzt. Er war schließlich nicht nur in Sorge um seine Familie, sondern auch um die gefährliche Ladung. Doch selbst nachdem das Wetter wieder schön war, gab es neue Anspannungen für den erholungsbedürftigen Kapitän. Abdel Fosdyke erzählt:

»Eines Morgens, als ich von der Kombüse ein Tablett zur Kajüte trug, bemerkte ich vom Niedergang aus, wie der Kapitän mit weit aufgerissenen Augen und vor Entsetzen

geöffnetem Mund zum Bug starrte. ›Großer Gott, seht sie!‹ rief er, als er mich sah. Ich folgte seinem Blick und entdeckte das kleine Mädchen, das auf dem Bugspriet vorwärts kroch. Es war sich der drohenden Gefahr überhaupt nicht bewußt. Ein falscher Schritt hätte genügt, und sie wäre ins Meer gefallen. Ich stellte das Tablett schnell ab und eilte zum Bug. Es gelang mir auch, das Mädchen am Rock zu packen und zurückzuziehen. ›Niemand hat mir gesagt, daß ich das nicht darf‹, entschuldigte sie sich, als ich ihr Vorwürfe machte.«

Als Reaktion auf seinen Schrecken veranlaßte Kapitän Briggs den Schiffszimmermann Joe, am Bug eine kleine Plattform mit Geländer anzubringen, auf der das Kind ungefährdet spielen könnte. Das Gerüst wurde in zwei Einschnitten im Schanzkleid vernutet. Die Matrosen nannten die ungewöhnliche Konstruktion »Babys Quarterdeck«.

Einige Tage später sichtete der Ausguck eine schwärzliche Masse im Wasser, die er zunächst für einen toten treibenden Wal hielt. Es war jedoch der Kiel eines gekenterten Schiffes, auf dem zunächst drei Männer ausgemacht werden konnten. Beim näheren Heransegeln wurde noch ein vierter entdeckt. Die ersten drei waren bereits tot, während der vierte noch schwache Lebenszeichen von sich gab. Es gelang, den Mann mit einem Boot zu retten. Doch trotz aller Pflege an Bord der MARY CELESTE starb er einen Tag später. Sein Körper wurde dem Meer übergeben.

Zur Katastrophe auf der MARY CELESTE führte schließlich eine absurde Wette zwischen Kapitän Briggs und seinem Ersten Offizier. Briggs meinte, ein Mann könne auch in voller Kleidung schwimmen, während der Erste Offizier bereits die Erfahrung gemacht hatte, wie schwierig es ist, sich so über Wasser zu halten. Am folgenden Tag geriet die MARY CELESTE in eine völlige Flaute, das Meer lag glatt wie ein Spiegel. Als Kapitän Briggs den Offizier aus dem Niedergang auftauchen sah, rief er ihm spottend zu: »Also ein Mann kann nicht in seinen Kleidern schwimmen? Ich zahle Ihnen einen neuen Anzug, wenn ich nicht in der Lage bin, das Schiff in fünf Minuten zu umschwimmen!« Frau Briggs wollte noch dazwischengehen, um dem Unfug ein Ende zu bereiten, doch ihr Mann schob sie beiseite. Die Mannschaft versammelte sich auf Babys Quarterdeck, um den Ausgang der Wette zu verfolgen. Da ließ sich der Kapitän ins Wasser fallen.

Babys Quarterdeck aber war der Belastung so vieler dichtgedrängt stehender Erwachsener nicht gewachsen, die äußeren Stützbalken brachen zusammen, und sämtliche Zuschauer, einschließlich der Kapitänsfrau, landeten im Wasser. Ein plötzlich auftauchender Hai griff die wehrlosen Menschen an und zerstückelte einen nach dem anderen. Nur Abdel Fosdyke konnte sich zusammen mit einem Matrosen auf eine schwimmende Planke retten, von wo aus er den aussichtslosen Kampf der im Wasser schwimmenden Menschen gegen den Hai miterlebte, ohne helfen zu können. Der Matrose, der sich neben Fosdyke auf die Planke retten konnte, starb kurz darauf an einer schweren Kopfwunde. Nun war der Steward allein auf einem Floß, das gefräßige Haie ständig umkreisten. *»Ich blieb allein mit dem öden Meer zurück. Nie zuvor* *hatte ich mir Gedanken darüber gemacht, was es bedeutet, allein zurückzubleiben. Es ist ein Gefühl, das keine Sprache beschreiben kann.«*

Nach einigen Tagen, Fosdyke meint sich an drei oder vier erinnern zu können, wurde er von Strömung und Wind an die nordwestliche Küste Afrikas getrieben. Dort fanden Afrikaner den Schiffbrüchigen und pflegten ihn, bis er wieder reisefähig war. Es gelang ihm, Algerien und von dort aus Marseille zu erreichen. Dort wurde er in einem Hospital vollständig wiederhergestellt. Nach einer zwei Jahre währenden Odyssee erreichte er im Sommer des Jahres 1874 wieder London.

Als er Arbeit suchte, begegnete er einem Freund, der ihn Howard Linfords Vater vorstellte. Dieser nahm Abdel Fosdyke bis zu seinem Tod in seine Dienste. *»Jetzt bin ich bei seinem Sohn beschäftigt, und ich bitte den lieben Gott, daß ich dort bleiben darf, bis Er mich in sein himmlisches Haus abruft«*, endet der Bericht des Überlebenden der MARY CELESTE.

Die Erzählung Abdel Fosdykes wurde von vielen Lesern geglaubt. Obgleich es unmöglich ist, bei den vorherrschenden Winden und Strömungen von den Azoren in drei bis vier Tagen das nordwestafrikanische Festland auf einem steuerlos treibenden Floß zu erreichen. Außerdem war es während jener Jahre noch fast unmöglich, von der nordafrikanischen Atlantikküste aus nach Algerien zu gelangen. Das Abenteuer, als allein reisender Europäer durch das Land der Berber zu fahren, wäre noch unwahrscheinlicher und aufsehenerregender gewesen als die schnelle Reise auf einem Floß ohne Segel und Ruder von den Azoren nach Afrika. Doch trotzdem ist der Bericht interessant, denn er ist einer der wenigen, der versucht, die Einschnitte im Schanzkleid zu erklären. Nach der Schilderung dieses »Überlebenden« hätte sich zudem das Beiboot noch an Deck der MARY CELESTE befinden müssen. Außerdem findet sich der Name Abdel Fosdyke nirgends in der Mannschaftsliste. Man kann also davon ausgehen, daß auch Abdel Fosdyke frei erfunden ist und die Geschichte mit dem gefundenen Manuskript nur der beliebte schriftstellerische Trick war, um die Echtheit der geschilderten Story zu verbürgen.

Im Dezember 1913, nur einen Monat nach der Veröffentlichung im *Strand Magazine*, hatte auch das *Nautical Magazine* seinen Überlebenden zu bieten. Kapitän Lukhamanov hatte der Zeitschrift die Geschichte von dem griechischen Matrosen Demetrius Specioti angeboten, den er in Hongkong kennengelernt hatte. Der Herausgeber des maritimen Blattes stellte Kapitän Lukhamanov als »wohlbekannten Agenten der Russischen Freiwilligen Flotte in Hongkong« vor. Specioti habe ihm die Geschichte selbst erzählt.

Danach sei die MARY CELESTE eines Morgens, kurz bevor sie sich der Meerenge von Gibraltar näherte, einer schwarz gestrichenen Brigantine begegnet, einem schönen Schiff mit geschwungenem, schnittigem Bug. Das Schiff hätte das Notsignal gegeben, keine Nahrungsmittel mehr an Bord zu haben. Als die MARY CELESTE aufstoppte, hätte das seltsame Schiff eine Schaluppe zu Wasser gelassen, an deren Ruderpinne ein dunkelhäutiger, bärtiger Mann mit einem breiten Sombrero stand. Als das Boot längsseits anlegte, wären plötzlich sechs mit Pistolen und Messern bewaffnete Männer herausgesprungen und hätten die Besatzung gefangengenommen, nachdem sie die gesamte Familie Briggs umgebracht hatten.

Die gefangenen Männer mußten auf dem Piratenschiff wie Sklaven arbeiten, bis sie alle von einem geheimnisvollen Fieber befallen wurden, das auch einen Teil der Piraten dahinraffte. Die Männer der MARY CELESTE konnten sich so gegen die bereits geschwächten Piraten erheben, doch sie kamen nicht weit, das Schiff ging unter, als es von einem Dampfer gerammt und in zwei Teile gerissen wurde. Nur Specioti überlebte.

Es war eine wenig glaubwürdige Geschichte. Wie konnte das *Nautical Magazine*, das vorgab eine Fachzeitschrift zu sein, überhaupt einen solchen Text veröffentlichen? Doch es war nicht die einzige maritime Fachzeitschrift, die anfechtbare Storys über das angebliche Geisterschiff druckte. Im November 1932, also 60 Jahre nach dem rätselhaften Auffinden der MARY CELESTE, erschien in der deutschen Zeitschrift *Yacht* ein Bericht über die MARY CELESTE. Ausführlich schildert Autor Hugo Maria Kritz, schon das Auslaufen der Brigantine aus dem Hafen von New York sei von sonderbaren Umständen begleitet gewesen:

»Von dem Schlepper, der die Brigg aus dem Hafen brachte, wollte man beobachtet haben, daß draußen in der Bai ein Boot an die MARY CELESTE *herangekommen und daß von diesem Boot zwei oder drei Männer an einer Strickleiter an Bord der Brigg geklettert waren. Und diese Beobachtung war nicht nur merkwürdig, sondern auch in gewissem Sinne verdächtig, denn man fragte sich in New York, was es wohl zu bedeuten habe, daß die Brigg in so geheim-*

nisvoller und ungewohnter Art Passagiere an Bord nehme. Man war es nicht gewohnt, den rechtschaffenen Kapitän Griggs bei zweifelhaften Unternehmungen zu ertappen. Überhaupt schien diesmal etwas mit der MARY CELESTE *nicht in Ordnung zu sein. Es wurde nun, da sie den Hafen verlassen hatte, bekannt, daß die Ladung, 1700 Fässer reinen Alkohols, geradezu unheimlich hoch versichert war, nämlich auf eine Viertelmillion Dollar, während der tatsächliche Wert nur etwa 31 000 Dollar betrug. Die New Yorker Schiffsmaklerbörse zeigte für diese seltsame Tatsache einiges Interesse, und der Vorstand dieser Institution wandte sich an die Verfrachter der Ladung und bat sie um Aufklärung. Diese wurde auch gegeben und schien zunächst einzuleuchten. Bei einem möglichen Verlust müsse – so wurde ausgeführt – über den eigentlichen Wert der Sendung hinaus auch die sehr hohe Steuer, die bei Auslandssendungen jedoch fortfällt, nachgezahlt werden, und das rechtfertige die hohe Versicherungssumme.*

Trotzdem aber faßte die Versicherungsgesellschaft Verdacht, und sie wandte sich an die Regierung. Zu jener Zeit war eine Viertelmillion Dollar ein außerordentlich hoher Betrag, und die Gesellschaft fürchtete, ihr Geld zu verlieren, wenngleich – wie gesagt – auf den ersten Blick eindeutige Verdachtsgründe nicht ermittelt werden konnten. Nun aber wurde auch die Regierung aufmerksam und nahm die Untersuchung in die Hand. Der Erfolg war unbefriedigend. Enthielten die 1700 Fässer wirklich nur Alkohol? Damals gab es noch keine Prohibition, aber man dachte an Schmuggelei, denn vor der Ausfahrt waren von der Zollbehörde bei der Untersuchung der Ladung nur Stichproben genommen worden, und – angesichts der

über jeden Zweifel erhabenen Person des Kapitäns – hatte man auch diese nur mit salopper Gründlichkeit durchgeführt. Von vielen Zweifeln bewegt, kam man nun zu dem Schluß, amtlich eine Kommission nach Genua anzusenden, die bei der Ankunft der MARY CELESTE *das Schiff genauest untersuchen und auch über die geheimnisvollen Passagiere Aufklärung von Kapitän Griggs verlangen sollte.*
Diese Untersuchungskommission ging schon mit dem nächsten Dampfer nach Europa ab, um die MARY CELESTE *in Genua zu erwarten. Aber die* MARY CELESTE *ist niemals in den Hafen von Genua eingelaufen.«*

Dies ist nur eine kleine Textprobe. Sie zeigt, wie wenig der Bericht mit den unumstrittenen Tatsachen übereinstimmt. Von einer seriösen Segelzeitschrift hätte man genauere Recherchen erwartet. Weder war die MARY CELESTE eine Brigg, noch hieß der Kapitän Griggs, und es gibt Zweifel, ob in New York wirklich beobachtet wurde, daß Passagiere an Bord gingen. Auch eine Untersuchungskommission, die nach Genua reiste, wird es nicht gegeben haben. Wenn Kapitän Winchester Zeit genug hatte, noch rechtzeitig zur Untersuchung der Vorfälle um sein Schiff nach Gibraltar zu reisen, dann wäre es einer solchen Untersuchungskommission auch möglich gewesen, von ihrem falschen Zielort Genua noch rechtzeitig die englische Kronkolonie zu erreichen. Auch als der Fall MARY CELESTE in der amerikanischen Presse hohe Wellen schlug, hat sich niemals eine solche Untersuchungskommission eingeschaltet.

Tatsache ist dagegen: Auch die amerikanischen Behörden schlossen nach all den widersprüchlichen Informationen aus Gibraltar ein Verbrechen an Bord der MARY CELESTE nicht mehr aus. Am 24. März 1872 hatte das Schatzamt ein Rundschreiben an alle amerikanischen Zollstellen verschickt und die Zollbeamten aufgefordert, alle noch so kleinen Informationen, die Rückschlüsse auf den Verbleib der Mannschaft der MARY CELESTE zuließen, sofort an das Ministerium weiterzuleiten. Auf diese Weise verbreitete sich der Verdacht eines Verbrechens über die ganze Welt.

Auch der weitere Bericht in der *Yacht* enthält Fehler: So wird die DEI GRATIA als Bark bezeichnet, ihr Kapitän soll Boyce geheißen haben, angeblich wurde die MARY CELESTE im Schlepp nach Gibraltar gebracht, und die Tochter von Kapitän Briggs soll sieben Jahre alt gewesen sein. Selbstverständlich übernimmt dieser Bericht die Geschichte von den noch nicht ganz geleerten Kaffeetassen, den soeben aufgeschlagenen Eiern und der noch immer aufrecht stehenden Garnspule. Den Bericht von Abdel Fosdyke, der in der *Yacht* übrigens als Matrose bezeichnet wird, findet der Autor »an sich wohl glaubwürdig«. Dieses Beispiel zeigt, wie sehr selbst die Autoren kompetenter Zeitschriften auf den inzwischen entstandenen Mix aus Fakten und Fiktionen hereinfielen, ohne sich um die Überprüfung der Details zu kümmern.

Am 12. September 1924 erschien auf der ersten Seite des *Daily Express* ein Bericht, der ankündigte, die Wahrheit zu enthalten über »dieses klassische Geheimnis der See, um dessen Lösung sich Forscher in allen Teilen der Welt seit 52 Jahren bemühen.« Die Lösung des Rätsels sollte nun der 70 Jahre alte Kapitän Lucy liefern, »dessen

Name im ganzen Mittelmeerraum und in den östlichen Gewässern hochgeschätzt ist. Er hat dieses Geheimnis vor zweiundfünfzig Jahren erfahren und versprochen, es bis zum Tod des Informanten nicht auszuplaudern. Nunmehr aber glaubt er frei sprechen zu können.«

Kapitän Lucy war ein Offizier, der während des Ersten Weltkrieges Dienst bei einer Reserveeinheit der Royal Navy leistete, beim Kampf um die Dardanellen am Bein verletzt wurde, anschließend in der königlich-italienischen Marine diente, einige Jahrzehnte in Indien lebte und nun seit einer Woche wieder in London war. Er erzählte den Reportern des *Daily Express*:

»Die wahre Geschichte der MARY CELESTE *wurde mir von einem gewissen Triggs erzählt, den ich in Melbourne kennenlernte und dem ich den Posten als Bootsmann auf einem Schiff meiner Gesellschaft, der* KANAKA, *beschaffte. Er war dann als Zweiter auf der* ISLAND PRINCESS *und ist in den Gewässern des südlichen Pazifiks und des Indischen Ozeans gefahren. Triggs – ich weiß nicht, ob dies sein richtiger Name war – erzählte mir die Geschichte der* MARY CELESTE, *als er für die Dauer von drei Monaten auf mein Schiff versetzt worden war. Ich will versuchen, sie mit meinen eigenen Worten wiederzugeben.«*

Dann folgt die in Ich-Form geschriebene Erzählung Triggs'*:*

»Ich hatte in Boston als Bootsmann auf der MARY CELESTE *angeheuert. In New York haben wir im Jahre 1872 Alkoholfässer für Genua gestaut. Die Überquerung des*

Atlantiks verlief gut. Eines Tages, als wir schon darauf warteten, innerhalb der nächsten 24 Stunden die spanische Küste auftauchen zu sehen, sichteten wir einen Dampfer, der fürchterlich gierte. Da wir keine Menschenseele an Bord bemerkten, nahmen wir an, das Schiff sei aufgegeben worden. Es war gegen Mittag und das Meer sehr still. Briggs, unser Kapitän, befahl nachzusehen, ob wir etwas Nützliches entdecken könnten. Wir ließen ein Boot zu Wasser und ruderten hinüber, der Erste Offizier, ich selbst und vier Matrosen. Wir näherten uns dem Dampfer, konnten aber seinen Namen nicht erkennen, da er durch das Salzwasser sowohl am Heck wie auch am Bug weggerostet war. Wir konnten jedoch entziffern, daß das Schiff in London registriert worden war.
In der Kabine des Zahlmeisters fanden wir einen schweren Geldschrank. Da wir ihn nicht öffnen konnten, kehrte ich zusammen mit zwei Matrosen auf die MARY CELESTE *zurück, um den Schiffszimmermann überzusetzen, der seine Werkzeuge mitnahm und den Safe knackte. Darin waren 3500 £ Sterling in Gold und Silber. Wir kehrten noch einmal zu unserem Schiff zurück und informierten Kapitän Briggs, der beschloß, den verlassenen Dampfer selbst zu inspizieren. Er besprach sich mit dem Ersten Offizier und befahl dann, das ganze Geld auf die* MARY CELESTE *zu schaffen, wofür wir drei Beiboote des Dampfers nahmen. Ehe wir auf unsere Brigg zurückkehrten, mußte der Zimmermann noch die Flutventile öffnen. Das Schiff sollte versenkt werden, da es eine Gefahr für die Schiffahrt darstellte.*

Als wir wieder an Bord der MARY CELESTE *waren, tauchte die Frage der Geldverteilung auf. Der Kapitän sel-*

ber nahm sich 1200 £, dem Ersten Offizier gab er 600, dem Zweiten 400, mir fielen 300 £ zu, der Rest wurde in gleichen Teilen unter der Besatzung aufgeteilt. Alle waren mehr als zufrieden.

Doch in den nächsten Tagen stellten wir uns die Frage, ob diese Aktion legal war. Da keiner von uns die Gesetze auf See kannte, nahmen wir an, unrechtmäßig gehandelt zu haben. Der Kapitän vertraute sich uns an und beschloß dann, auch die MARY CELESTE *zu versenken. Damit wir in Cadiz an Land gehen und uns als Schiffbrüchige ausgeben konnten. Ehe wir unseren Plan jedoch ausführen konnten, kamen wir in die Nähe eines anderen Schiffes, mit dem wir Grußsignale austauschten. So mußten wir unseren Plan aufschieben, um nicht in den Verdacht eines betrügerischen Manövers zu geraten. Am Ende beschlossen wir, die* MARY CELESTE *einfach aufzugeben und mit den drei Beibooten, die zu dem versenkten Dampfer gehört hatten, zu fliehen. Wir pinselten den Namen eines in London registrierten Schoners auf Bug und Heck und machten uns dann auf den Weg nach Cadiz. Unsere persönlichen Sachen und eine ausreichende Reserve an Lebensmitteln und Wasser nahmen wir mit. Der Wind kam aus Nordost und bestimmte auch den Kurs der aufgegebenen* MARY CELESTE, *bis diese von einer englischen Brigantine gesichtet und nach Gibraltar eingebracht wurde.*

Wir kamen am nächsten Tag in Cadiz an und informierten die spanischen Behörden, daß unser Schoner nach dem Auflaufen auf ein Wrack untergegangen sei.

In Cadiz trennten wir uns. Einige von uns heuerten auf einem spanischen Schiff an, das nach London segelte, während der Kapitän mit Frau, Kind und zwei Matrosen

nach Marseille fuhr. Ich habe sie begleitet, bin aber dann nach Australien weitergefahren und habe seit jenem Tag keinen von der MARY CELESTE *jemals wieder getroffen.*
Ehe wir die MARY CELESTE *verlassen hatten, wurde alles so geheimnisvoll wie möglich gestaltet, damit wir nicht verdächtigt werden konnten.*
Wir haben die MARY CELESTE *aufgegeben und uns dann in Cadiz getrennt, weil Kapitän Briggs befürchtete, daß nach unserer Ankunft in Genua vielleicht ein Matrose in betrunkenem Zustand unser Geheimnis ausplaudern würde.»*

Um die Glaubwürdigkeit der Geschichte gegenüber den Lesern zu erhöhen, schrieb Kapitän Lucy im *Daily Express* noch ein Nachwort:

»Dies ist die Geschichte, die mir Triggs erzählt hat. Ich glaube, daß es die einzig wahre Geschichte der MARY CELESTE *ist. Ich habe Triggs' Papiere gesehen, aus denen hervorging, daß er in Boston auf der* MARY CELESTE *angeheuert hatte. Ich muß jedoch hinzufügen, daß er seinen Namen mit der Hand abdeckte, als er sie mir zeigte. Ich bin auch der Meinung, daß Triggs der Name des verlassenen Dampfers, von dem sie die 3500 £ (wenn nicht noch mehr) raubten, genau bekannt war.*
Weil mich die Geschichte interessierte, habe ich Nachforschungen anstellen lassen. Dabei kam heraus, daß Triggs auf der Bank of Australia etwa 100 £ liegen hatte. Ich habe auch herausbekommen, daß er ungefähr fünf Jahre lang im Bay View Hotel in Melbourne, wo ich ihn kennenlernte, gewohnt hat, ohne irgendeiner Arbeit nachzugehen.«

Dem Nachwort des Kapitäns folgte ein Nachwort des Herausgebers vom *Daily Express*: »*Kapitän Lucy hat diese seltsame Seegeschichte mehr als 40 Jahre für sich behalten und sicher mehr als einmal über die mehr oder weniger gelungenen Versuche zur Lösung des Rätsels gelächelt.*«

Doch auch gegen Kapitän Lucys Bericht gab es Einwände. Oliver Cobb, der bereits erwähnte Vetter von Kapitän Briggs, schrieb einen Brief, der in der *New York Times* veröffentlicht wurde. Er verteidigte darin seinen Verwandten und sagte, ein rechtschaffener Christ wie er hätte niemals einen solchen Betrug begangen. Nachdem er Punkt für Punkt Triggs' Geschichte widerlegt hatte, endete er mit den Worten: »*An Bord eines Walfängers oder auch eines Dampfers zwischen den Pazifischen Inseln oder auf einem Liniendampfer wird es immer wieder den einen oder anderen geben, der sich überlegt, was auf der* MARY CELESTE *im Dezember 1872 denn nun wirklich geschehen ist. Fünfzig Jahre sind inzwischen vergangen, und noch immer wurde keine gültige Antwort darauf gefunden …*«

Diese Version enthält in der Tat eine Reihe von Merkwürdigkeiten, die ihren Wahrheitsgehalt in Frage stellen. Kapitän Lucy macht das Überprüfen seiner Erzählung zudem unmöglich, indem er behauptet, Triggs hätte angeblich beim Vorweisen der Heuerpapiere von der MARY CELESTE seinen wirklichen Namen verdeckt.

Geschrieben hat die ganze Geschichte aber offenkundig jemand, der wenig Verbindung zur Seefahrt hat. Denn es wäre im Fall von Gewissensbissen gar nicht notwendig gewesen, die MARY CELESTE zu versenken, um von der Tat abzulenken. Kapitän Briggs hätte das Geld nur wieder einzusammeln und im Bestimmungshafen den Behörden zu übergeben brauchen. Die gesamte Mannschaft hätte dann ihren gerechten Bergelohn erhalten.

Es ist auch nicht nachzuvollziehen, daß ein Kapitän ein Schiff im Wert von 5708 Dollar, an dem er selbst auch noch Anteile hat, und eine Ladung im Wert von 36 943 Dollar aufgibt, damit er einen Beuteanteil von 1200 £ behalten kann. Noch dazu muß er dafür den Preis einer lebenslangen Flucht zahlen. Das ist bei einem so familien- und heimatverbundenen Mann wie Briggs sehr unwahrscheinlich. Zumal sein älterer Sohn ja noch immer in Amerika lebte. Den würde er unter solchen Umständen wohl nie wiedersehen.

Einen weiteren Überlebenden präsentierte das *Chambers Journal* im Juli des Jahres 1926 unter der Schlagzeile: »The Truth about Mary Celeste – A Surviver's Story«. Der Autor des Berichtes hieß Lee Kaye und versicherte, die Geschichte der MARY CELESTE gründlich recherchiert zu haben. Zunächst einmal stellt er korrekt dar, daß die MARY CELESTE kein neues Schiff gewesen sei, sondern eigentlich als AMAZON vom Stapel gelaufen und dann in die USA verkauft worden war. Doch dann wird sein Bericht nicht nur ungenau, sondern enthält zudem eine Menge Unwahrheiten. So behauptet Kaye, der neue Name des Schiffes sei nicht gleich MARY CELESTE gewesen, sondern hätte MARY SELLARS gelautet. Das Schiff sei viel auf der Route Philadelphia – Brasilien gefahren. Die

Brasilianer aber hätten den Namen wie »Marie Celeste« ausgesprochen. Weshalb man, als das Schiff einen neuen Anstrich erhielt, gleich die neue Schreibweise des Namens anbrachte. Die überlieferte Verwechslung des Namens wurde also von Kaye aufgegriffen. Tatsächlich aber geht ein solcher mehrfacher Namenswechsel aus den offiziellen Dokumenten nicht hervor. Sowohl bei den Versicherungsgesellschaften als auch im Schiffsregister wird die Brigantine als MARY CELESTE ex AMAZON geführt.

Zur Bekräftigung seiner Story führt Lee Kaye zwei Überlebende an – als Hauptfigur den ehemaligen Schiffskoch John Pemberton und den Bootsmann Jack Dossell.

Als der Artikel erschien, soll Pemberton, der über »ein phänomenales Gedächtnis verfügt«, als mittlerweile 77jähriger in England gelebt haben. Während des amerikanischen Bürgerkrieges war er auf der Fregatte »Kearsarge« gefahren und hatte nach einigen Jahren, die er an Land verbrachte, am 14. Oktober 1870 auf der MARY CELESTE angeheuert. »Er besaß noch immer seine Papiere, die seinen guten Leumund außer Frage stellen.«

Am 30. September 1872 sollte die MARY CELESTE nach dieser Erzählung in New York eine Ladung von Holz für Eisenbahnschwellen und Walöl in Fässern mit Bestimmungshafen Genua übernehmen. Da die Anzahl der Fässer aber die Tragfähigkeit des Schiffes überschritt, soll die Reederei eine weitere Brigantine, die DEI GRATIA, gechartert haben. David Morehouse, deren Kapitän, verbrachte lange Zeit im Salon von Kapitän Briggs, um sich mit ihm zu besprechen. Denn Briggs hatte noch weitere Probleme. Ihm war im Hafen die ganze Besatzung weggelaufen, und als Parteneigner des Schiffes war er äußerst interessiert daran, jede weitere Verzögerung beim Auslaufen zu vermeiden. Eine neue Mannschaft aber war in jenen Tagen schwierig zu bekommen. Die meisten Matrosen an der Küste Neuenglands waren Veteranen des Bürgerkrieges und bekamen eine durchschnittliche Rente von 50 Dollar im Monat. Davon konnte man bescheiden leben, und so war kaum jemand von ihnen bereit, auf einem Segler anzuheuern, der Fässer voller Walöl transportierte. Denn deren Geruch konnte an heißen Tagen unerträglich werden.

Kapitän Morehouse war in einer besseren Lage, er besaß das größere Schiff, und es war mit 14 Mann gut besetzt. So wurden die Kapitäne sich schnell handelseinig. Morehouse lieh der MARY CELESTE drei Mann, die aber vor den Azoren wieder auf die DEI GRATIA umsteigen sollten, nachdem ein Teil von deren Weinladung in Queenstown gelöscht worden war.

Morehouse lief also am 2. Oktober aus. Kapitän Briggs konnte seine Mannschaft noch um drei weitere Männer ergänzen, die ihm das Heuerbüro vermittelt hatte. Es handelte sich um einen Bootsmann und zwei Matrosen. Am 3. Oktober brachte man ein Klavier für die Frau des Kapitäns an Bord, sie selbst traf einen Tag später auf dem Schiff ein.

»Am 7. Oktober 1872 lief die MARY CELESTE von New York zu dieser Fahrt aus, über die später so viel gedichtet und geschrieben worden ist«, schrieb Kaye weiter. An Bord waren nach diesem Bericht zehn Menschen: Kapitän Briggs und seine Frau, der Amerikaner Hullock als Erster Offizier, der ebenfalls aus den USA stammende Boots- und Zimmermann Jack Dossell, Tom Moffat aus

Neuschottland, ein Matrose, der von der DEI GRATIA stammte, sein Bordkollege Charlie Manning aus Großbritannien, ebenfalls Matrose, der Matrose Billy Hawley, ein Ire, der ebenfalls von der DEI GRATIA stammte, der aus Neuschottland kommende Matrose Peter Sanson, der amerikanische Matrose Carl Venholdt und eben der bereits erwähnte englische Koch John Pemberton.

Die zusammengewürfelte Mannschaft paßte schlecht zusammen, es gab während der Reise unentwegt Streit. Der Erste Offizier, der früher auf Sklavenschiffen gefahren war, griff hart durch, was die Spannungen noch verstärkte.

Zur Besatzung gehörten überwiegend erfahrene Seeleute, bis auf einen – Carl Venholdt aus Ohio, der zur Arbeitssuche nach New York gekommen war. Zur See allerdings hatte er auf keinen Fall fahren wollen. Er war eines Nachts einfach »geshanghait« und an Bord gebracht worden.

Dieses »Shanghaien« war lange Zeit eine durchaus übliche Methode, eine Schiffsmannschaft zusammenzubekommen. Die Seeleute hatten das Verfahren, Männer in Kneipen betrunken zu machen und sie dann kurz vor dem Auslaufen an Bord zu schleppen, nach jener chinesischen Hafenstadt benannt, in der es besonders übel betrieben wurde.

Männer für die Besatzung von Schiffen einzufangen war über Jahrhunderte eine verbreitete Methode. Schon die Normannen zwangen jene Männer, die einen Überfall auf Städte und Dörfer überlebt hatten, als Ruderknechte auf ihre Schiffe. Später brauchte England für seine schnell wachsende Flotte so viele Seeleute, daß Preßkommandos durch Städte zogen und Männer zusammentrieben, die für den Dienst auf Kriegsschiffen »angeworben« wurden. Bis 1740 durfte jeder Seemann eines britischen Schiffes, ganz gleich ob er Engländer oder Ausländer war, zum Dienst in der Marine Seiner Majestät gezwungen werden. Gegen das Vorgehen der Preßgangs gab es keine Einspruchsmöglichkeit, die Männer wurden an Bord mit der Peitsche diszipliniert, bis sie sich in ihr Schicksal gefügt hatten.

Einer der Gründe für den Ausbruch des Anglo-Amerikanischen Krieges von 1812 war, daß englische Preßgangs amerikanische Bürger mit Gewalt von Schiffen geholt und in ihren Dienst gezwungen hatten. Erst 1815, als man nach den Napoleonischen Kriegen wieder geordnete Zustände in Europa einführte, wurden die Preßkommandos abgeschafft.

Besonders zur Zeit des großen kalifornischen Goldrausches ab Mitte des 19. Jahrhunderts aber erinnerte man sich wieder an diese Methoden. Kapitäne waren in jener Zeit besonders auf die »Crimps« angewiesen, Heuerbaase, die Männer oft volltrunken machten, nur um sie an Bord zu bringen. Denn damals, zur großen Zeit der schnellen Klipper, heuerten zwar viele angebliche Seeleute in den Häfen der US-Ostküste bereitwillig für eine Passage nach Kalifornien an, verschwanden dort aber auf Nimmerwiedersehen zu den Goldfeldern, so daß die Kapitäne große Schwierigkeiten hatten, Männer für die Rückreise zur Ostküste zu finden.

Ein Kapitän, der die Hilfe von »Crimps« in Anspruch nahm, konnte in jener Zeit in San Francisco froh sein, wenn ihm statt einer Schnapsleiche nicht eine wirkliche

Leiche als angeblich Volltrunkener an Bord gebracht wurde. Manchmal wurden von den »Crimps« sogar Strohpuppen an Bord geschleppt, in deren Ärmel sie eine Ratte gesteckt hatten, damit der Arm ein wenig zuckte. Fiel ein »Crimp« allerdings einmal richtigen Seeleuten in die Hände, hatte er schlechte Karten. Das passierte beim Ablegen der französischen Bark ALEXANDRE der französischen Reederei Bordes in San Francisco. Kurz zuvor hatte man unter Aufsicht der Zollbeamten noch einige Bündel Bordwäsche von einer chinesischen Wäscherei zurückerhalten. Erst auf See schnürte man sie auf. In einem der Ballen lag ein Mann, der jedem Seemann bekannt war – Shanghai Brown, Kopf der »Crimps« von San Francisco. Bei einer Fahrt rund um Kap Horn konnte er nun über seine Untaten nachdenken, niemals wurde aufgeklärt, wer ihn entführt hatte, aber die Matrosen auf der ALEXANDRE taten alles, um ihm die Arbeit an Bord nicht zu leicht zu machen.

Diese zweifelhaften Methoden zur Anwerbung einer Mannschaft kamen zwar nach dem Ende der Klipperschiffe nur noch selten vor, wenn aber ein Schiff partout keine Mannschaft finden konnte, dann war ein Kapitän auch Ende des 19. Jahrhunderts noch bereit, einen geshanghaiten Matrosen anzumustern. Und dem armen Opfer blieb meist keine andere Wahl, als an Bord mitzuarbeiten, denn wenn es aus seinem Rausch erwachte, war das Schiff meist schon auf hoher See. Und jemand, der an Bord nicht mitarbeitete, bekam auch nichts zu essen.

Doch zurück zur Geschichte von Lee Kaye. Carl Venholdt, den man also angeblich geshanghait hatte, schwor nach seinem bösen Erwachen, es werde niemand einen

Seemann aus ihm machen, zumal er sehr unter Seekrankheit litt. Der Erste Offizier versuchte es mit Hilfe seiner Fäuste. Carl Venholdt wehrte sich zwar, unterlag aber in einem Faustkampf und mußte sich fügen, wollte er nicht durch die Hölle gehen.

Am 1. November geriet die MARY CELESTE in einen Sturm. Sie wurde von schwerer See hin- und hergeworfen, das stark gebaute Schiff hielt zwar stand, doch die Halterungen für das Klavier der Kapitänsfrau gaben nach. Der Erste Offizier griff gerade noch rechtzeitig ein und befestigte es mit haltbaren Verbänden neu. Allerdings nicht mehr quer zum Kiel, sondern in Längsrichtung. Lee Kaye schreibt dazu: »Diese einfache Gewichtsverschiebung sollte zum Ursprung dessen werden, was als größtes Seegeheimnis aller Zeiten bezeichnet wurde.«

Nach Abflauen des Sturmes setzte die MARY CELESTE ihre Reise bis zum Nachmittag des 24. November ruhig fort. Sie stand jetzt etwa 400 Meilen nordwestlich der Azoren, und man rechnete damit, jederzeit der DEI GRATIA zu begegnen. Gegen 16.00 Uhr frischte der Wind wieder zu einer steifen Brise auf, Frau Briggs setzte sich ans Klavier, um zur Ablenkung ein wenig zu spielen.

Am Ruder der MARY CELESTE stand Peter Sanson, nach den Worten Lee Kayes der faulste Mann der gesamten Besatzung, der in dieser Situation ausgerechnet das Schicksal eines Schiffes in den Händen hielt, das angeblich nicht leicht aufs Ruder ansprach. In der folgenden, kräftigen Böe krängte die Brigantine heftig nach Backbord. Zwar gelang es Peter Sanson durch Gegensteuern innerhalb weniger Sekunden das Schiff wieder aufzurichten, doch das schwere Klavier war aus der Halterung gerissen, auf Frau Briggs gestürzt und hatte sie schwer verletzt. Ihr konnte niemand mehr helfen, am darauffolgenden Morgen starb sie.

Kapitän Briggs konnte seinen Schmerz nicht verwinden und beschuldigte in heftigen Worten den Ersten Offizier, der zur Zeit des Unfalls Wache gehabt hatte, den Tod seiner Frau verursacht zu haben. Dann raste er in seine Kajüte, schloß sich ein und kam selbst dann nicht wieder an Deck, als seine Frau abends in einer Seebestattung dem Meer übergeben wurde.

Die Besatzung war ratlos, der Kapitän gab keine Befehle mehr, da versprach der Zweite Offizier, er werde die MARY CELESTE sicher nach Santa Maria steuern. Doch ein Teil der Besatzung faßte heimlich den Beschluß, bei der nächstbesten Gelegenheit zu desertieren. Nur die drei Männer der DEI GRATIA wollten der Abmachung entsprechend ihr Schiff am Treffpunkt erwarten.

Am 26. November erschien Kapitän Briggs an Deck und befahl, Peter Sanson über Bord zu werfen, jenen Mann, der am Ruder gestanden hatte, als die MARY CELESTE so weit überholte und das Klavier sich aus seiner Halterung gerissen hatte. Die Besatzung weigerte sich. Da verurteilte der Kapitän das Klavier zum Tode und befahl, es über Bord zu werfen. Diesem Befehl kamen die Männer kopfschüttelnd nach.

Am Abend war auch der Kapitän verschwunden. Charlie Manning, der am Ruder gestanden hatte, und Billy Hawley von der Deckswache sagten beide, sie hätten Briggs nicht an Deck gesehen. Der Erste Offizier vermutete, der Kapitän habe sich zusammen mit dem Klavier in die Wellen gestürzt. Die Männer blieben zwar skeptisch, akzeptierten die Erklärung aber, nachdem Hullock eine Extra-Ration Rum ausschenken ließ.

Am 29. November gelangte die MARY CELESTE in die Nähe der Azoreninsel Santa Maria. Carl Venholdt und der Erste Offizier lieferten sich einen weiteren ihrer unzähligen Wortwechsel. Beide standen unter Alkoholeinfluß, denn seit dem Verschwinden des Kapitäns war Rum nach Belieben ausgeschenkt worden. Carl Venholdt schrie dem Ersten Offizier entgegen, er werde ihn anzeigen, denn er sei überzeugt, Hullock hätte Briggs umgebracht. Es folgte eine handfeste Schlägerei, und Venholdt flog ins Wasser. Niemand unternahm einen Versuch, ihn zu retten.

Als die Brigantine in die Bucht von Santa Maria einlief, kamen einem alten Brauch entsprechend Boote mit Obsthändlern aufs Meer hinausgefahren. Der Erste Offizier ließ sich so schnell er konnte zusammen mit Jack Dossell und Peter Sanson von einem dieser Boote an Land bringen. Alle drei waren betrunken und grölten, sie wollten nie wieder an Bord der MARY CELESTE zurückkehren.

Die Seeleute der DEI GRATIA waren zwar ebenfalls betrunken, wollten aber nicht mit von Bord gehen, sondern beschlossen, auf die Ankunft ihres Schiffes unter dem Kommando von Kapitän Morehouse zu warten. Auch John Pemberton rührte sich nicht, er rechnete damit, daß die drei von Bord Gegangenen zurückkehren würden, sobald sie an Land ihren Rausch ausgeschlafen hätten. Sie kamen aber nicht. Nach dem Gesetz galten sie von nun an als Deserteure.

Die MARY CELESTE lag noch bis zum 4. Dezember in der Bucht von Santa Maria, die drei Fahnenflüchtigen waren nicht zurückgekehrt, und auch von der DEI GRATIA fand sich keine Spur. Beides spannte die Nerven der Männer auf der Brigantine bis zum äußersten. Nach langen Diskussionen, die sich immer wieder im Kreis drehten, beschlossen sie schließlich wieder auszulaufen, in der Hoffnung, auf dem Weg nach Gibraltar die DEI GRATIA zu treffen. Tatsächlich begegneten sich die Schiffe dann auch am 7. Dezember.

Mit einem kleinen Trick fängt Lee Kaye seine Leser noch einmal ein. Er steigert die Spannung seiner erfundenen Geschichte, indem er sie selbst als wenig glaubwürdig darstellt und hinterfragt, ob es überhaupt möglich sei, daß sich beide Schiffe auf dem Ozean begegnen konnten. Er »verdächtigte« statt dessen Kapitän Morehouse, vor dem Gericht der Admiralität in Gibraltar falsch ausgesagt zu haben. Vor diesem Hintergrund entwickelte Kaye eine juristisch spitzfindige Situation. Von den vier Männern an Bord der MARY CELESTE hatten ja drei eigentlich zur Besatzung der DEI GRATIA gehört, und nur John Pemberton war von Kapitän Briggs eingestellt worden. So stellte sich die juristisch interessante Frage, ob die MARY CELESTE nun als gerettetes oder aufgegebenes Schiff galt. Genaugenommen war sie sowohl das eine wie das andere. Denn sie fuhr ohne Offizier, der befähigt gewesen wäre, sie zu manövrieren, und sie fuhr auch ohne eigene Besatzung, mit Ausnahme des Kochs.

Die drei von Kapitän Morehouse entliehenen Matrosen hatten offiziell auf der Mannschaftsliste der DEI GRATIA gestanden und waren nun als Prisenkommando ausgegeben worden, mit der Aufgabe, das aufgebrachte Schiff in den Hafen zu bringen und den Behörden zu übergeben. Die Anwesenheit von John Pemberton als ursprüngliches Besatzungsmitglied bildete am Schluß noch eine kuriose Rechtsfrage, über die sich Anwälte und Richter in Gibraltar den Kopf zerbrochen hätten.

Die MARY CELESTE blieb noch ein paar Wochen in Gibraltar. Lee Kaye erörtert nun die strittige Frage des Bergelohns und erzählt, wie das Schiff schließlich mit seiner Ladung nach Genua weiterfuhr. Der Bericht endet mit den Worten:

»In Genua wurde das Schiff an die englische Reederei Bellamy and Company verkauft. Es mag vielleicht auch interessieren, daß sie noch ein paar Jahre glücklich segelte, um Kaolin von Plymouth nach Philadelphia zu befördern. Zweifellos werden sich alte Hafenarbeiter in Plymouth noch an ihren gewohnten Ankerplatz am Millbay Dock erinnern. Das also ist die wahre Geschichte der MARY CELESTE *und die exakte und vollständige Erklärung ihres Geheimnisses.«*

In einem drei Jahre später erscheinenden Buch mußte Schiffskoch John Pemberton erneut für die Glaubwürdigkeit einer verworrenen Geschichte über die MARY CELESTE herhalten. Geschrieben hatte das Werk mit dem Titel »The Great Mary Celeste Hoax« ein Autor namens Laurence J. Keating. Die Übereinstimmung der Initialen »L. K.« und auch der Bezug auf John Pemberton ließen schon früh Vermutungen laut werden, Lee Kaye und Laurence J. Keating seien ein und derselbe Schreiber.

Keating schreibt in der Einführung seines 1929 erschienenen Buches: »*... das Ziel der Erzählung ist, mit Genauigkeit zu dokumentieren, was an Bord der Brigantine während ihrer berühmten und geisterhaften Fahrt geschehen ist. Sie enthält keinen Beweis, der nicht zuvor kontrolliert und bestätigt worden wäre. Es wird kein Schriftstück angeführt, das nicht vorher sorgfältig geprüft wurde.*«

Doch schon am Beginn der angeblichen Tatsachenaufzählung stehen offenkundig falsche Fakten. Keating schreibt, die Brigantine sei in verlassenem Zustand in der Nähe der spanischen Küste aufgefunden worden, »*als sie ohne eine Menschenseele an Bord zehn Tage lang auf dem richtigen Kurs nach Gibraltar weitergesegelt war. Dies ist der außergewöhnlichste Aspekt der ganzen Geschichte, weil der Erste Offizier der ›Dei Gratia‹ erklärt hat, an Bord der* MARY CELESTE *noch ein warmes Frühstück vorgefunden zu haben, während aus dem Bordbuch hervorging, daß die Brigantine schon zehn Tage vorher aufgegeben worden war.*«

Laut Keating wurde bis zum Erscheinen seines Buches jede Vermutung zum Verlassen der MARY CELESTE aus Mangel an Beweisen fallengelassen. So sei eine Legende entstanden, von der sich »drei Generationen täuschen ließen«. Weiter schrieb er:

»*Viele phantastische Konstruktionen sind schon aufgestellt und wieder verworfen worden. Viele Experten stellten ihre Nachforschungen in die falsche Richtung an. Doch ihren Bemühungen gelang es nicht, die Trümmer zu beseitigen und die Abfälle aus dem Weg zu räumen. Nun endlich, nach fünfzig Jahren, wird dieses klassische Geheimnis der See von einem Mann aufgeklärt, der sich während dieser berühmten Fahrt an Bord des Schiffes befunden hat. Es war ein Irrtum anzunehmen, es hätte keine Überlebenden gegeben. Dieser Mann war der Koch der* MARY CELESTE, *John Pemberton, der heute achtzig Jahre alt ist und über seine Erlebnisse schon vor den zuständigen Behörden ausgesagt hat.«*

Doch Keating bezieht sich bei der weiteren Entwicklung der Erzählung nicht nur auf Pemberton, sondern lobt auch die Unterstützung, die er bei seinen Recherchen von Stauern in New York und bei dem Genuesen Domenico Malarangi erhalten habe. Letzterer hatte *»einen langen Disput, wegen der aus der* MARY CELESTE *gelöschten Ladung, die in ihrer Beschaffenheit nicht mit den Ladepapieren übereinstimmte, die Kapitän Briggs den Zoll- und Marinebehörden in New York vorgelegt hatte.«*

Außerdem zitiert Laurence J. Keating einen Bericht aus Malaga, den die Liverpooler Zeitung *Daily Albion* angeblich »kurz vor Weihnachten 1872« veröffentlicht haben soll. Nach diesem Bericht hatte die spanische Küstenwache, deren Schiff am 5. Dezember 1872 von Cadiz zu einer Kontrollfahrt ausgelaufen war, die MARY CELESTE kurz unter der spanischen Küste ausgemacht. Ausländische Schiffe wurden in jener Zeit besonders genau kontrolliert, weil sie Waffen für die aufständischen Carlisten an Bord haben könnten. Besonders verdächtig fand die Besatzung des Küstenwachschiffes die MARY CELESTE, weil sie ihren Kurs nicht hielt und deshalb den Anschein erweckte, sie wolle sich der Kontrolle entziehen.

Als die Spanier die Brigantine enterten, staunten sie, daß keine Besatzung an Bord war, und durchsuchten das Schiff gründlich. Denn sie vermuteten, die Besatzung sei beim Auftauchen des Kontrollschiffes in Booten geflohen, es handelte sich ihrer Meinung nach also um ein Piraten- oder Schmugglerschiff. Nachdem sie keine geschmuggelte Ware vorfanden, wollten sie das herrenlose Schiff nach Gibraltar einbringen.

In der Nähe von Punta Tarifa hätten die Männer der Küstenwache das Schiff wieder verlassen, als die DEI GRATIA sich näherte. So konnten Oliver Deveau und John Wright die MARY CELESTE entern. Ein merkwürdiger und unglaubwürdiger Vorgang, doch laut Keating wird er angeblich von zwei Leuchtturmwärtern des Leuchtfeuers Punta Tarifa bestätigt. Die Männer wollen dem Bericht des *Daily Albion* zufolge am 12. Dezember 1872 verschiedene Leute von der DEI GRATIA beobachtet haben, die zweimal die MARY CELESTE enterten. Beim zweiten Mal seien drei Mann mit dem Schiff in Richtung Gibraltar weggesegelt, während das Boot der Küstenwache wieder ans Ufer zurücksteuerte.

Keating stellt die sich sofort aufdrängende Frage, wie und weshalb die Spanier es der DEI GRATIA gestatteten, die MARY CELESTE zu bergen, was die Küstenwache zwischen dem 6. und 12. Dezember getan hat und ob möglicherweise noch weitere Menschen gemeinsam mit den Beamten der Küstenwache die MARY CELESTE verlassen haben.

Mit dieser Episode wollte Keating einen ersten Verdacht gegen Kapitän Morehouse und seinen Ersten Offizier Oliver Deveau wecken. Und tatsächlich bezeichnet er in seinem weiteren Bericht die von beiden gemachten offiziellen Aussagen in Gibraltar als »einen Schrein voller Lügen«. Eine Bezeichnung, die wohl eher auf Keatings Geschichte selbst zutrifft. Denn in seiner Erzählung stehen auf der Besatzungsliste 14 Menschen, er behauptet, Frau Briggs hätte keineswegs ihre zweijährige Tochter dabeigehabt, sei aber selbst von so kleiner Statur gewesen, daß ihr Körperabdruck im Bett für den eines Kindes gehalten wurde. Das Harmonium, das Kapitän Briggs für seine Frau hatte an Bord bringen lassen, ist in seiner Darstellung ein kleines Klavier gewesen, das man in den USA als »Baby« bezeichnet, das hätte zu dem Irrtum geführt, an Bord sei ein kleines Mädchen gewesen.

Auch die Zusammensetzung der Ladung beschreibt Keating ganz anders als die offizielle Darstellung. Nach seinen Recherchen »in anonymen, aber offiziellen Quellen in Genua« sollen an Bord 550 Fässer Walöl, 350 Fässer Spiritus und 48 Partien Rohalkohol gewesen sein. Die ganze Ladung war angeblich nicht versichert. Außerdem behauptet Keating, Kapitän Winchester, der Miteigner der MARY CELESTE, habe sich in finanziellen Schwierigkeiten befunden und Briggs solle nach dem Erwerb seiner Anteile sehr überrascht gewesen sein, daß der Haupteigentümer des Schiffes am Rande des Ruins stand.

Vor diesem Hintergrund bezeichnet Keating Kapitän Briggs als Betrüger, der mit Morehouse unter einer Decke steckte. Zur Bekräftigung läßt Keating den Schiffskoch John Pemberton auftreten, der an Bord der MARY CELESTE schon drei Fahrten nach Brasilien mitgemacht hatte. Er bezeichnete sie als »ein unglückseliges Schiff, das sich nicht bezahlt machte, so daß es immer in den Klauen betrügerischer Elemente war«.

Eine weitere Betrügerei soll im September 1872 in New York ihren Anfang genommen haben. Da hatte Benjamin Briggs seine gesamte Mannschaft entlassen, mit Ausnahme von Pemberton, der als Wache an Bord blieb. Im Oktober wurde Ladung für die MARY CELESTE an der Kaimauer gestapelt: Zum Verladen fehlten jedoch Arbeitskräfte. Weil er die Kosten niedrig halten wollte, weigerte sich Kapitän Briggs, seine alte Besatzung wieder zu übernehmen, und wollte auch keine Stauer beauftragen. Nur einen einzigen Mann stellte er ein, T. J. Hullock als Zweiten Offizier.

Wie es sich für eine reißerische Geschichte gehört, kamen nun die Komponenten Liebe und Eifersucht ins Spiel. Hullock hatte Frau Briggs früher einmal den Hof gemacht und war tief enttäuscht, als sie einen anderen, nämlich ausgerechnet Benjamin Briggs zum Mann nahm. Die Zeit hatte zwar seinen Schmerz gelindert, doch die alten Wunden brachen wieder auf, als er von Briggs erfuhr, daß dessen Frau bei der bevorstehenden Ausreise mit an Bord käme.

Nach Angaben des Oberstauers, den Keating angeblich befragt hatte, wurden 520 Faß Saatgut, 350 Faß Äthylakohol, 50 Faß vergällter Alkohol, weitere 130 Faß Saatgut zum Teil an Deck, zum Teil im Laderaum gestaut. Dies ist ein unübersehbarer Widerspruch zu der Aussage, die der Autor angeblich aus den »offiziellen Quellen« in Genua erhalten hatte, und stellt die Zuverlässigkeit von Keatings Recherchen in Frage.

Ab dem 1. November 1872 bemühte Kapitän Briggs

sich dann, eine neue Mannschaft anzuheuern. Doch das war schwierig, denn der Shipping Commissioner konnte ihm nur seeunerfahrene Männer und Schlägertypen vermitteln. Keine geeignete Besatzung also, um ein Segelschiff im Winter über den Nordatlantik zu segeln. Richtige Matrosen aber seien Briggs zu teuer gewesen. Denn sie wurden nur von Heuerbaasen vermittelt, die ihre Heuer aushandelten und auf korrekte Bezahlung achteten.

Dann setzt Keating seine Geschichte wesentlich detailreicher, aber dem Inhalt nach so fort, wie sie schon von Lee Kaye im *Chambers Journal* zu lesen war. Ausgiebiger als in dem Zeitungsbericht erzählt er allerdings vom Austausch der Mannschaften, dem Streit zwischen dem Ersten Offizier und Carl Venholdt, vom Verrutschen des Klaviers, dem Tod der Kapitänsfrau und dem Verschwinden des Kapitäns.

Am 4. Dezember begegneten sich nach solch einer ereignisreichen und unglücklichen Überfahrt dann beide Schiffe in der Nähe der spanischen Küste. Kapitän Morehouse beschloß, seine Besatzung zurückzunehmen und die MARY CELESTE nach Gibraltar zu überführen, um dort den Bergelohn für ein Schiff zu kassieren, das er angeblich ohne eine Menschenseele an Bord treibend im Atlantik gefunden hat.

Damit Pemberton nichts verriet, wurde er mit der Drohung unter Druck gesetzt, die Behörden in Gibraltar würden ihn möglicherweise wegen seiner Beteiligung am Verschwinden von Kapitän Briggs belangen. So setzte sich Pemberton am 18. Dezember von Gibraltar aus mit dem Dampfer »Columbian« in Richtung Southampton ab und traf dort fünf Tage später ein. Bereits im Januar

1873 heuerte er wieder auf einem Schiff an und traf auf seinen Fahrten gelegentlich auch seine ehemaligen Bordkameraden Hullock, Sanson und Dossell. Die Erzählung endet mit den Worten: *»Die vier amüsierten sich königlich, wenn sie von den plumpen Versuchen hörten, das Rästel der* MARY CELESTE *zu lösen. Doch ihre wahre Geschichte wollte ihnen niemand abnehmen.«*

Vielleicht war die Geschichte gar nicht so ernst gemeint, wie einige Leser sie nahmen. Denn das Buch trug ja, wie bereits erwähnt, den Titel »The Great Mary Celeste Hoax«. Und Hoax heißt Streich, Posse, Zeitungsente, Ulk oder auch Schabernack. Bezog sich dieser Titel vielleicht gar nicht auf die Vorfälle rund um die Brigantine? Wollte Keating seinen Lesern einen Streich spielen, indem er einfach alle mehr oder weniger glaubwürdigen Behauptungen über das Verschwinden der Menschen von der MARY CELESTE zu einer neuen Story zusammengemischt hatte? Vieles spricht dafür.

Ungeachtet des geringen Wahrheitsgehaltes entwickelte sich das Buch »The Great Mary Celeste Hoax« beiderseits des Atlantiks zu einem Bestseller. Natürlich versuchten Reporter, John Pemberton aufzutreiben, um ein Foto von ihm zu machen und ihn als einzigen Überlebenden nach seiner Zeit auf der »Mary Celeste« zu befragen. Doch der alte Seemann blieb verschwunden. Bis ein Journalist des Londoner *Evening Standard* ihn aufspürte und nicht nur das begehrte Interview, sondern auch ein Foto bekam. Beides veröffentlichte die Zeitung am 6. Mai 1929. Hinterher stellte sich heraus – nicht nur Lee Kaye und Laurence Keating waren ein und dieselbe Person, sondern auch der »Sonderkorrespondent« des *Evening*

Standard. Und das Foto von John Pemberton zeigte Keatings Vater. Eine der abgebrühtesten Fälschungen um die MARY CELESTE war entlarvt worden. Aber auf solche sensationellen Fälschungen fallen Medien bis in unsere Tage immer wieder herein.

Laurence J. Keating stammte aus Liverpool, möglicherweise hatte er dort in einer Hafenkneipe tatsächlich einen Mann namens John Pemberton getroffen, der zu Beginn seiner seemännischen Laufbahn auf dem Dampfer »Columbian« als Küchenjunge gefahren war, just in jenem Jahr, in dem die MARY CELESTE in Gibraltar auftauchte. Sicherlich hat er viele der Mutmaßungen über das herrenlose Schiff gehört und sie in seinen Erzählungen noch weiter ausgeschmückt, als er merkte, welch einen aufmerksamen und großzügigen Zuhörer er in Keating gefunden hatte. Schließlich war die Geschichte durch ständiges Ausschmücken offensichtlich so weit gediehen, daß Pemberton behauptete, selbst dabeigewesen zu sein. Aber, wie sagt schon ein Seemannsschnack? »Faustdick sind die Lügen der Bordköche ... «

Hätte Keating nicht einfach den Worten Pembertons vertraut, sondern wirklich ein wenig dort recherchiert, wo er behauptete, seine Informationen gefunden zu haben, dann wären ihm sicherlich erhebliche Widersprüche zu den amtlichen Unterlagen aufgefallen. Denn ein Koch namens Pemberton taucht in der offiziellen Mannschaftsliste nicht auf. Und in den Archiven des US. State Departments hätte er einen Brief der Witwe von Eduard W. Head finden können, dem wirklichen Koch der MARY CELESTE. Darin bittet sie den amerikanischen Konsul in Gibraltar, Horatio Sprague, ihr die an Bord gefundenen

Habseligkeiten ihres verschollenen Mannes zuzuschikken. Ebenso ist belegt, daß die Familie von Frau Briggs das Harmonium zurückerhielt, von dem Keating behauptet, es sei ein Klavier gewesen und auf Befehl des Kapitäns ins Meer gestürzt worden.

Was geschehen sein könnte

Die meisten der reißerischen und phantastischen Geschichten zeichneten sich dadurch aus, daß deren Autoren die durchaus vorhandenen Fakten nicht zur Kenntnis genommen hatten. Es scheint, daß es nur wenige ernsthafte Versuche gegeben hat, die wahre Geschichte der MARY CELESTE aufklären zu wollen. Selbst Schriftsteller und Autoren, die eigentlich für akribische Recherchen bekannt waren, übernahmen unwahrscheinliche Überlieferungen als Wahrheiten, als wäre auch ihnen daran gelegen, das Verschwinden einer ganzen Schiffsmannschaft möglichst mysteriös zu gestalten.

An einer ernsthaften Aufhellung der Vorfälle um die MARY CELESTE war dagegen der Schriftsteller John Gilbert Lockhart interessiert. Er galt als »Sherlock Holmes der Seegeheimnisse«, weil er aufgrund seines maritimen Fachwissens Licht in manchen geheimnisvoll dunklen Vorgang auf den Meeren gebracht hatte. Im Jahre 1924 erschien eine erweiterte Neuauflage seines Buchklassikers »Mysteries of the Sea«, in dem er allein 30 Seiten dem Schicksal der MARY CELESTE widmete. Lockhart führte alle bisher diskutierten Theorien an, um dann mit logischen Schlußfolgerungen zu beweisen, weshalb sie nicht richtig sein konnten. Zu dieser Methode meinte er selbst: »*Es ist sicherlich leichter, in den bisher entwickelten Lösungen ein Leck zu entdecken, als eine neue und eigene Theorie zu konstruieren, welche die bekannten Tatsachen berücksichtigt und sich nicht auf eine Reihe haarsträubender Unmöglichkeiten beschränkt.*«

Dann folgt Lockharts eigene Erklärung:

»Der Schlüssel zu meiner Erklärung findet sich in einer belanglosen Feststellung, die der allgemeinen Aufmerksamkeit bisher entgangen ist. Es wurde berichtet, daß in der Kabine des Kapitäns ein Harmonium in einem Rosenholzkasten gefunden wurde. Es gab auch verschiedene Bücher religiösen Inhalts. Es ist hinreichend bekannt, daß unter allen Formen des Wahnsinns die religiöse Besessenheit am erbarmungslosesten und fürchterlichsten wütet. Je mehr ein Mensch in seinen täglichen Handlungen vom Gewissen abhängt, desto unerbittlicher wird er im Wahnsinn. Und er wird für die ihm am nächsten stehenden Menschen besonders gefährlich, wenn er überzeugt ist, sie einer Welt voller Sünden entreißen zu müssen. Ich glaube, daß sich unter den Leuten an Bord der MARY CELESTE *ein religiöser Fanatiker verborgen hielt. Wahrscheinlich Kapitän Briggs selbst.*

Versuchen wir nun, die Tragödie zu rekonstruieren. Nehmen wir an, daß Kapitän Briggs, ein zweifelsohne untadeliger und gottesfürchtiger Mann, unversehens von einem entsetzlichen religiösen Wahn befallen wird. Er ist von der Idee besessen, daß ihm die Heilige Pflicht obliegt, seine Frau, sein Töchterchen und die sieben Männer der Besatzung von den Leiden dieser Welt zu erlösen. Mit aller Kraft und aller Klugheit macht er sich daran, diesen Plan auszuführen. Wir werden nie genau wissen, wie er seine makabre Torheit in die Tat umsetzen konnte, aber es ist gewiß, daß seine ahnungslosen Opfer nacheinander überwältigt wurden, ohne daß sie noch Alarm schlagen konnten …

Wenn wir annehmen, daß die Flecken an Deck und auf dem Säbel tatsächlich Blut waren, können wir auch unterstellen, daß er diese Waffe benutzt hat. Auf jeden Fall ist einer nach dem anderen von Bord verschwunden, bis der Kapitän allein auf der MARY CELESTE *zurückblieb. Es ist auch möglich, daß er in den schmerzlichen Zuckungen seines kranken Gehirns noch versucht hat, die Spuren des Verbrechens zu beseitigen. Es ist auch durchaus möglich, daß er noch drei oder vier Tage die Brigantine weiter gesteuert hat. Dann könnte sich der Wahnsinn wieder gelegt haben, und angesichts des angerichteten Schreckens blieb ihm kein anderer Weg der Sühne, als sich ins Meer zu stürzen. Noch wahrscheinlicher aber ließ er sich im Delirium ins Wasser fallen, nachdem er völlig grundlos das Chronometer und die Schiffspapiere hineingeworfen hatte. Wer könnte schon die Handlungsweise eines Geistesgestörten verstehen?*

Wir werden wohl niemals die Wahrheit erfahren, wir können immer nur Vermutungen anstellen. Meine Lösung reiht jedoch die wenigen Tatsachen aneinander, die wir kennen. Sie zeigt auf, warum die Brigantine in tadellosem

Zustand aufgegeben wurde, warum die Besatzung sie ohne jede Vorbereitung verlassen hat, warum keine Rettungsboote benutzt wurden, und warum das Schiff noch einige Tage seinen Kurs mit Bestimmungshafen Gibraltar eingehalten hat. Sie versucht zwar nicht, die Risse am Bug zu erklären, die alles oder nichts bedeuten können, sie erklärt jedoch den Einschnitt am Schanzkleid, das Blut, falls die Flecken auf Säbel und Deck tatsächlich von Blut herrührten, und schließlich das Verschwinden des Chronometers und der Konossemente.«

Lockhart ahnte, daß seine Version nicht ohne Widersprüche bleiben würde, und baute vor, indem er das Kapitel mit den Worten schloß: »*Auch diese Theorie öffnet natürlich für eine Kritik Tür und Tor. Aber ich möchte wiederholen, daß wir nur Mutmaßungen anstellen können.«*

Tatsächlich hält Lockharts Theorie keiner Überprüfung lange stand. Denn sie geht davon aus, daß an Bord zwei Rettungsboote gefunden wurden und die Flecken auf dem Vordeck sowie dem Säbel wirklich Blutflecken waren. Diese Schwächen erkannte Lockhart möglicherweise selbst, es können ihn aber auch Leser darauf hingewiesen haben. Denn in dem 1927 erschienenen Buch »A Great Mystery of the Sea« schrieb er:

»In meinen ›Mysteries of the Sea‹ schlug ich eine Lösung vor, die von vielen gutgeheißen wurde. Andere wiederum fanden sie zu sehr an den Haaren herbeigezogen. Meine Lösung wurzelte in dem schrecklichen authentischen Geschick der MARY RUSSELL, *einer Brigantine, die 1828 von Barbados aus mit Kurs Cork auslief. Deren Kapi-*

tän wurde plötzlich verrückt, und mit Hilfe zweier Schiffsjungen fesselte er alle Besatzungsmitglieder, um sie dann zu töten. Obwohl auch die beiden Schiffsjungen übel zugerichtet wurden, gelang es ihnen, dem Massaker zu entgehen, indem sie sich im Kielraum versteckten. Ich habe mir gedacht, das Vorhandensein eines Harmoniums und religiöser Bücher in der Kajüte der MARY CELESTE *könnten Hinweis auf eine ähnliche Tragödie sein. Aber all das war ja nur eine Vermutung...«*

Eine wirklich ernstzunehmende und sich an den Tatsachen orientierende Untersuchung erschien 1942 in den USA unter dem Titel »The Mary Celeste. The Odyssey of an Abandoned Ship«. Ihr Autor Charles Edey Fay hatte gründlich recherchiert, er bezog wichtige Informationen aus dem Archiv der Atlantic Mutual Insurance Company in New York, bei der die MARY CELESTE und ihre Ladung versichert waren, und war eigens nach Gibraltar gefahren, um Einsicht in Originalakten zu nehmen. Er behauptete nicht, die einzig zutreffende Lösung zu haben, sondern bezog mehrere Möglichkeiten in seine Überlegungen mit ein. Eine der Varianten ist die starke Meeresströmung, die das Schiff wie bereits erwähnt auf die Felsen von Dollabarat zu treiben drohte. Fay stellt sich allerdings die Frage, wie ein umsichtiger Seemann in eine solche gefährliche Situation kommen konnte, und meint: *»Kapitän Briggs war ein gewandter Seemann, und man kann sich nicht vorstellen, daß er sich irgendwie tollkühn einer Gefahr ausgesetzt und das Leben von Frau und Kind sowie der ganzen Besatzung riskiert hätte. Es könnte aber auch sein, daß ihm etwas zugestoßen ist, vielleicht etwas so*

Schlimmes, daß er gezwungen wurde, das Kommando seines Schiffes in weniger erfahrene Hände zu geben.«

Auch die Annahme, daß verdunsteter Alkohol aus dem tagelang ungelüfteten Laderaum eine explosive Mischung bildete, hielt Charles Edey Fay für möglich und untersuchte diese Vermutung ausführlich. Danach hätte Kapitän Briggs wegen schlechten Wetters vom 4. November an, jenem Tag also, an dem die Fässer verladen wurden, bis zum 25. November so schlechte Witterung gehabt, daß er seine Laderäume nicht lüften konnte. Auch die DEI GRATIA hätte ja nach seiner Darstellung auf dem Nordatlantik acht Tage nach der MARY CELESTE auf demselben Kurs schlechtes Wetter erlebt. In diesem Punkt allerdings irrt der sonst so exakte Fay. Wie wir heute wissen, fuhr die DEI GRATIA keinesfalls auf demselben Kurs, sondern wählte eine Route wesentlich weiter nördlich. Sie muß also keineswegs dieselben Wetterbedingungen angetroffen haben. Doch trotz dieses kleinen Fehlers hat Fays Theorie einiges für sich. Nach Angaben des Meteorologischen Dienstes der Azoren herrschte am Spätnachmittag des 25. November 1872 auf der Inselgruppe tatsächlich schönes Wetter. Fays Überlegung, der Kapitän könnte die guten Bedingungen genutzt haben, um die Laderäume lüften zu lassen, ist also stichhaltig.

Laut Charles Edey Fay schossen der Mannschaft beim Anheben des vorderen Lukendeckels mit einem dumpfen Zischen Dämpfe von verdunstetem Alkohol entgegen. Das hätte eine Panik unter der Besatzung hervorgerufen, Hals über Kopf seien alle in das einzige Boot geflüchtet. Mit zehn Menschen in einem nur sechs Meter langen

Boot hätten sie dann aber auf See keine Überlebenschance gehabt.

Fay schließt übrigens aus, daß die Dämpfe so viel Kraft gehabt hätten, den kleinen und kompakten Lukendeckel, der das Vorluk abdichtete, in die Luft zu sprengen.

Der gut recherchierte Lösungsansatz von Charles Edey Fay kommt der Wahrheit sicherlich sehr nahe. Doch auch hier fehlt der Anlaß für die offenkundige Panik, für das kopflose Verlassen eines Schiffes. Es muß schon einiges mehr geschehen sein, um zehn Menschen auf hoher See ihr Heil in einem einzigen und kleinen Boot suchen zu lassen, als zischend austretende Alkoholdämpfe. Aber weshalb hatte dieses rätselhafte Geschehen offensichtlich noch nicht einmal Spuren hinterlassen?

Was tatsächlich geschah

Nach so vielen, meist phantastischen Erklärungsversuchen, weshalb zehn Menschen von der Mary Celeste spurlos verschwanden, fällt es nicht leicht, eine weitere Lösung anzubieten und zu behaupten, sie würde den Tatsachen entsprechen. Es ist eine Lösung, der auch Charles Edey Fay schon sehr nahe gekommen war. Was bei seiner, wie auch allen anderen vorgeschlagenen Darstellungen der letzten Minuten auf der Unglücks-Brigantine aber fehlt, ist das nachvollziehbar Panik auslösende Ereignis. Wer sich die Havarieberichte von Segelschiffen ansieht, stellt immer wieder fest, wie unerschrocken und kaltblütig Segelschiffsbesatzungen auch in lebensbedrohlichen Situationen reagierten. Ein ernster Zwischenfall, dessen Folgen mit Bordmitteln zu beheben gewesen wäre, hätte sie sicherlich nicht zur Aufgabe ihres Schiffes bewogen.

Segelschiffsmatrosen bezeichneten sich in der zweiten Hälfte des 19. Jahrhunderts gern als »eiserne Seeleute auf hölzernen Schiffen«, um sich gegen jene abzugrenzen, die auf eisernen Dampfern fuhren. Als auch Segelschiffe gegen Ende des Jahrhunderts aus Stahl gebaut wurden und zu vier- bis fünfmastigen Windjammern wuchsen, war die Zeit der eisernen Seeleute keineswegs vorbei. Sie waren auch auf diesen Großseglern noch immer gefragt.

Wie solche eisernen Seeleute schwierige Situationen meisterten, zeigte die Besatzung der Hamburger Bark »Helios«, um nur ein Beispiel von vielen anzuführen. Der Vorfall ereignete sich zwar einige Jahrzehnte nach dem Auffinden der MARY CELESTE, beweist aber – das Wort aufgeben gehörte nicht zum Vokabular von Segelschiffsbesatzungen.

Die »Helios« segelte bei schwerem Westsüdwestwind in der Kap-Horn-Region. Gegen Mittag kam zuerst Scholleneis in Sicht, Stunden später folgten Eisberge, die kleineren waren nur haushoch, die größten hatten das Format scharfkantiger, weißer Inseln. 86 Stück zählte der Ausguck von der Bramsaling aus. Ausgerechnet in dieser Situation steigerte sich der Sturm zum Orkan, den Belastungen der heftigen Böen in dem gesetzten Segel war das Rack der Großuntermarsrah nicht gewachsen. Die tonnenschwere Rah krachte auf die Großrah, die ebenfalls durchsackte. Die Bark »Helios« war nicht mehr manövrierfähig. Zwei Mann, die in der Takelage gearbeitet hatten, konnten sich nicht mehr halten und stürzten aufs Deck. Sie überlebten den Sturz, wurden von Kameraden vorsichtig in die Kajüte gebracht und vom Kapitän untersucht. Der eine hatte das Schlüsselbein, der andere das Handgelenk gebrochen.

Während der Kapitän die beiden Matrosen noch behandelte, kam der Erste Offizier in die Kajüte und meldete: »Wir haben Feuer im Schiff.« Das Thermometer im Meßrohr von Luke 3 hatte 56 Grad gezeigt, mit steigender Tendenz. Die Kohlenladung hatte sich offenbar selbst entzündet, was auf Kohleseglern gar nicht so selten vorkam.

Kapitän Heinatz und seine Mannschaft waren in einer Situation, wie sie sich der Drehbuchautor eines Hollywood-Katastrophenfilmes nicht besser hätte ausdenken können: Das Schiff trieb manövrierunfähig mit beschädigter Takelage während eines Orkans in einem Feld voller Eisberge, hatte Feuer an Bord, und zwei Matrosen waren wegen ihrer Verletzungen ausgefallen. Aber die »Helios« hatte auch einen Kapitän, der nicht aufgab. Zunächst ließ er alle Öffnungen zu den Laderäumen hermetisch abdichten. Dann schickte er seine gesamte Mannschaft ins Rigg, um die Schäden in der Takelage zu reparieren. Es dauerte eine Nacht, bis die Bark wieder Sturmsegel führen konnte und damit manövrierfähig wurde. In weitem Bogen nach Süden segelnd, versuchte sie im ersten Morgengrauen dem Eisfeld zu entkommen und schaffte es tatsächlich. Um das Feuer in der Kohlenladung hatte sich unterdes keiner mehr gekümmert, und das war auch richtig so. Es erstickte von ganz allein, nachdem es von der Sauerstoffzufuhr abgeschnitten war, schwelte aber noch eine Weile. Beim Löschen der Kohle im Hafen von Taltal an der chilenischen Küste fand die Mannschaft im Laderaum eine Partie verkokster Kohle von der Größe eines heute üblichen Containers.

Weil sie sich nicht von Panik überwältigen ließ, weil der Kapitän mit kühlem Kopf die richtigen Anweisungen gab und alle mit voller Energie mitarbeiteten, gelang es der Mannschaft der »Helios« das Schiff und damit das eigene Leben zu retten. In Rettungsbooten dagegen hätten sie keine Chance gehabt. Sie waren sogar so kaltblütig gewesen, nach der Umrundung von Kap Horn ihren Bestimmungshafen weit im Norden Chiles anzusteuern, anstatt den nächstgelegenen Nothafen anzulaufen.

Nun kann man einwenden, die Mannschaft von Kapitän Briggs muß nicht so unerschrocken gewesen sein wie jene der »Helios«. Aber einen guten Ruf erwirbt ein Kapitän nicht im Hafen und auch nicht bei Schönwetterreisen. Da Benjamin Spooner Briggs jedoch nach mehreren Quellen einen untadeligen Ruf als Seemann besaß, ist anzunehmen, daß er auch alles darangesetzt hätte, sein Schiff zu retten. Denn er hatte in das Fahrzeug schließlich nicht nur eigenes und mühsam zusammengespartes Geld investiert, sondern wird auch gewußt haben, daß seine Familie auf einem großen Schiff besser aufgehoben war als in einem kleinen Beiboot. Es muß also ein heftiges Ereignis eingetreten sein, daß ihm einen völlig falschen Eindruck vom Zustand seines Schiffes vermittelte.

Fassen wir vor diesem Hintergrund zusammen, was die Menschen der MARY CELESTE zur kopflosen Flucht veranlaßt haben könnte: Piraten, Meeresungeheuer, giftige Gase, Meteoriten oder Außerirdische scheiden als Ursache mit Sicherheit aus. Bleiben zwei im Bereich der Wahrscheinlichkeit liegende Ursachen übrig. Da ist einerseits die Theorie, eine Wasserhose sei mit ihrer Urgewalt über das Schiff hinweggezogen. Andererseits gab es möglicherweise einen Zwischenfall mit der Alkoholladung, der die Menschen in Panik versetzte.

Es ist sicherlich sinnvoll, diese beiden Möglichkeiten

detailliert zu untersuchen. Leider gab es 1872 keine so exakte Schadensaufnahme mit Fotos, Zeichnungen und Protokollen, wie sie heute üblich wäre. Aber bei eingehender Betrachtung helfen auch die wenigen bekannten Tatsachen weiter.

Eine Wasserhose hätte mit dem niedrigen Luftdruck in ihrem Kern wie bereits erwähnt tatsächlich die Lukendeckel explosionsartig aufgerissen, Segel zerfetzt, Brassen und Schoten zerrissen. Dann wäre eine Wasserflut über das Schiff gestürzt und bis in die Räume unter Deck geschossen. Besonders stark wäre logischerweise der Laderaum mit seinen herausgerissenen Lukendeckeln betroffen gewesen. Die Anhänger dieser Theorie meinen, Kapitän Briggs hätte nach Abflauen des Naturereignisses Befehl gegeben, den Pumpenraum zu loten. Tatsächlich hatte Oliver Deveau ja beim Auffinden des Schiffes das Senklot neben der Peilöffnung gefunden. Das Ergebnis der Peilung sei aber falsch interpretiert worden. Denn die Sogkraft der Wasserhose hätte das Wasser in den Peilrohren hochgezogen, wobei eine Klappe am unteren Ende es am sofortigen Zurücksinken hinderte. So muß der Eindruck entstanden sein, das Schiff hätte in nur einer Minute zwei Meter Wasser gemacht. Dieser falsche Eindruck soll Auslöser für die Panik gewesen sein. Vertreter dieser Theorie waren Dr. James H. Kimble, der ehemalige Leiter des US-Wetteramtes in New York, und der amerikanische Schriftsteller Gersham Bradford.

Dieses Szenario birgt jedoch eine Reihe von Widersprüchen: Es ist unwahrscheinlich, daß Kapitän Briggs sofort Befehl gegeben haben soll, das einzige Boot klarzumachen. Viel wahrscheinlicher wäre seine Anordnung gewesen, nachzuprüfen, ob der Rumpf beschädigt ist, wo Wasser eindringt und ob man dieses Leck stopfen kann. Denn es war eigentlich naheliegend, daß der in den Peilrohren gemessene Wasserstand von oben über die herausgerissenen Lukendeckel ins Schiffsinnere gedrungen war, während die Wasserhose über das Schiff rauschte, und nicht durch ein Leck im Rumpf. Damit aber hätte man das Schiff mit seinen eigenen Pumpen wieder lenzen und seetüchtig machen können. Es wäre in dieser Lage allemal sicherer gewesen, auf dem großen Schiff zu bleiben, als sich einem kleinen Beiboot anzuvertrauen. Sogar ein Leck im Rumpf hätte man mit Bordmitteln abdichten können.

Wie bereits vorstehend beschrieben, hätten die Seeleute aber mit Sicherheit auch am Zustand des Schiffes selbst erkannt, daß dessen Lage sich nicht weiter verschlechterte.

Gegen die Theorie der Wasserhose spricht auch der Zustand, in dem Oliver Deveau und John Wright die MARY CELESTE aufgefunden hatten. Die einzelnen Deckel des Achterluks waren nach ihrer Beobachtung von der Besatzung ordentlich neben der Reling abgelegt worden.

Zum besseren Verständnis ist an diesem Punkt eine ausführliche Beschreibung der Lukenkonstruktionen des Schiffes wichtig, auch wenn sie sehr technisch erscheinen mag. Das Achterluk war mit mehreren nebeneinanderliegenden Deckeln abgedeckt, während der Verschluß des Luks auf dem Vordeck aus einem einzigen Deckel bestand, der mit seitlichen Leisten versehen war, also über das Süll des Luks gestülpt werden konnte. Man nannte solche Deckel deshalb auch Stülpluken. Da auf hölzernen

Schiffen des 19. Jahrhunderts aus Gründen der Stabilität der Decks ein Lukendeckel die gleiche Stärke hatte wie das umgebende Deck, man aber andererseits darauf achtete, daß jedes Luk von einem einzelnen Mann von innen aufgestoßen oder von ein bis zwei Mann abgedeckt werden konnte, eigneten sich Stülpdeckel nur für kleinere Luken, die etwa drei mal drei Fuß maßen. War die abzudeckende Öffnung größer, mußten mehrere Deckel nebeneinandergelegt werden. Das Gewicht von Lukendeckeln bei Schonern wie der MARY CELESTE lag bei etwa 25 Kilo pro Stück. Damit Seegang, der durchaus über die Decks eines solchen Seglers spülen konnte, sie nicht wegriß, verschalkten Seeleute sie, wie bereits beschrieben, zusätzlich mit einer Plane.

Die einzelnen Deckel des Achterluks waren ordentlich neben der Reling abgelegt worden. Es war also offensichtlich nicht vom Unterdruck einer Wasserhose aufgerissen, sondern von der Besatzung absichtlich geöffnet worden. Wahrscheinlich, um den Laderaum zu lüften, wie es bei einer Alkoholladung angeraten war. Aufgerissen oder aufgestoßen worden war nur das Vorluk, das, mit der Öffnung nach oben, etwa einen Meter neben der Öffnung lag, die es abgedeckt hatte.

Demnach standen beide Luken etwa vom Mittag des 25. November bis zum 5. Dezember offen. Den im Schiff gemessenen Wasserstand von etwa einem Meter hatte Deveau in seiner Aussage vor dem Gericht in Gibraltar als nicht besonders hoch bezeichnet »für ein hölzernes Schiff, das seit neun Tagen nicht mehr lenzgepumpt worden ist«. Denn hölzerne Schiffe ziehen immer etwas Wasser. Wenn der erfahrene Schiffsoffizier Deveau diesen

Wasserstand nach so vielen Tagen normal fand, dürfte also kaum besonders viel Wasser von außen durch die Lukendeckel eingedrungen sein. Beim Auftreten einer Wasserhose aber hätten sich Ströme von Wasser durch die offenen Deckel ins Schiffsinnere ergossen, und der Pegelstand im Laderaum wäre höher gewesen. Damit ist die Theorie von einer Wasserhose, die über die MARY CELESTE hinwegzog, hinfällig.

Die wahre Ursache wird also, wie auch Fay annahm, in der Alkoholladung gelegen haben. Allerdings irrt Fay, wenn er glaubt, die Alkoholdämpfe seien beim Öffnen des Vorluks mit einem Fauchen hervorgeschossen. Wenn man annimmt, daß der Inhalt aus neun der aus ursprünglich 1701 Fässern bestehenden Alkoholladung langsam verdunstet ist, reicht die Menge des verdunsteten Alkohols bei weitem nicht aus, um in einem nicht hermetisch abgeschlossenen Laderaum einen Überdruck zu erzeugen. Es handelte sich ja nur um 0,5 Prozent der Gesamtladung. Fay mochte aber offenkundig eine Explosion nicht in Betracht ziehen, da ja bei mehreren Untersuchungen keinerlei Explosions- und Brandspuren festgestellt worden waren.

Kapitän Winchester dagegen hielt eine Explosion der Alkoholdämpfe trotz allem für möglich und führte das Beispiel eines Schiffes an, bei dem eine Explosion von Alkoholdämpfen, verbunden mit einer Stichflamme, den Lukendeckel hochgeschleudert hatte. Doch nach diesem einmaligen Knall sei die Gefahr vorbei gewesen und das Schiff anschließend für den Rest der Reise ganz normal weitergesegelt.

Als ich auf die Theorie von Kapitän Winchester stieß,

fiel mir der Brauch ein, den ich auf einem jener Traditionssegler kennenlernte, mit dem ich einige Jahre zuvor einen Törn vor der norwegischen Küste unternommen hatte. Wenn wir abends Freiwache hatten, saßen wir auf dem Lukendeckel, es wurde musiziert, gesungen, erzählt und auch mancher gute Schluck Rum getrunken. War nach einigen Tagen eine Flasche leer, war es üblich, den »Flaschengeist herauszulassen«. Am Boden waren ja immer einige Resttropfen übrig. Dafür ging die Flasche von Hand zu Hand und mußte reihum gerieben werden, bis sie richtig warm geworden war. Dann schraubte man den Deckel ab und ließ ein brennendes Streichholz hineinfallen. Der »Geist« fauchte daraufhin mit einer hohen, bläulichgelben Stichflamme, die nur einige Sekundenbruchteile brannte, aus der Flasche. Der Druck war viel zu gering, um die Flasche bersten zu lassen, und die Alkoholmenge zu gering, um lange zu brennen.

War das der Schlüssel zu den Vorgängen auf der MARY CELESTE? Um es herauszufinden, habe ich ein kleines, aus dünnem Papier gefaltetes Schiffchen in eine Flasche gesteckt, einige Tropfen hochprozentigen, reinen Alkohol hinzugefügt und die Flasche erhitzt. Währenddessen saugte sich das Papierschiffchen sogar mit dem Restalkohol voll, es war also eigentlich sehr leicht zu entzünden und hätte außerhalb der Flasche beim kleinsten Funken sofort Feuer gefangen.

Ich war selbst gespannt. Würde das alkoholfeuchte Schiffchen Feuer fangen, wenn ein Streichholz in die Flasche fiel? Würde der Druck des verpuffenden Alkohols das gefaltete Papier zerstören? Gespannt schraubte ich den Deckel der heißen Flasche ab und ließ das Streichholz fallen. Erwartungsgemäß fauchte mir der »Flaschengeist« entgegen, doch das Papier fing kein Feuer, und das gefaltete Schiffchen behielt seine Form. Der Druck der Stichflamme hatte es nicht zerstört, sondern war einfach nach oben entwichen. So weit kann jeder dieses kleine Experiment leicht und gefahrlos nachvollziehen. War es möglich, daß an Bord der MARY CELESTE der aus den Fässern verdunstete Alkohol ebenfalls verpufft war, ohne daß die übrigen Fässer dabei Feuer gefangen hatten und ohne daß die Folgen einer solchen Explosion bei späteren Untersuchungen zu sehen waren?

Diese Frage konnte nur ein Fachmann beantworten. Nach diesem Fachmann brauchte ich nicht lange zu suchen. Wir hatten schon in der Schule gemeinsam chemische und physikalische Experimente unternommen, hatten zusammen auf einem Kutter segeln gelernt und waren zusammen im Seenotrettungsdienst ausgebildet worden. Aus seinem Interesse an der Chemie hatte mein Schulfreund Rüdiger Terhoeven dann seinen Beruf gemacht, er ist heute Sicherheitsingenieur in einem Hamburger Chemieunternehmen. Lange haben wir die bekannten Fakten erörtert, uns mit Plänen von Schiffen jener Zeit auseinandergesetzt und moderne Handbücher gewälzt.

Unter Fachleuten, die viel mit gefährlichen Stoffen hantieren, gibt es eine Faustregel, mit der in einem Notfall schnell und ohne lange Berechnungen abgeschätzt werden kann, ob von einer ausgelaufenen Flüssigkeit Gefahr droht: In Relation zum Raumvolumen gilt bereits ein Zehntausendstel einer freiwerdenden brennbaren Flüssigkeit als gefahrdrohende Menge. Oder verständlicher ausgedrückt – wenn acht Liter einer brennbaren Flüssigkeit in einem 80 Kubikmeter großen Raum auslaufen, kann in Verbindung mit Sauerstoff eine explosive Mischung entstehen. Umgerechnet auf die Verhältnisse an Bord der MARY CELESTE bedeutet das: Schon ein Teil des Inhaltes der neun in Genua leer aufgefundenen Fässer der Ladung von 1701 Fässern reichte nach dieser Faustregel aus, um in einem 1000 Kubikmeter großen Raum eine explosive Mischung zu erzeugen. Keineswegs aber kann eine so stark angereicherte Mischung entstanden sein, daß sie im Laderaum Überdruck erzeugte und, wie in Fays Vorstellung, beim Öffnen der Lukendeckel mit einem Zischen entwich. Das wäre nur bei zusätzlicher starker Erwärmung des Laderaumes möglich gewesen, und außerdem hätte dieser hermetisch abgeschlossen sein müssen. Das aber ist bei einem hölzernen Schiff kaum möglich.

Danach ergibt sich für den 25. November 1872 an Bord der MARY CELESTE folgendes Szenario: Tagelang, möglicherweise schon seit der Ausreise von New York am 7. November, hatte die Besatzung wegen des schlechten Wetters keine Chance gehabt, die Laderäume zu lüften. Als sich in Höhe der Azoren das Wetter besserte und keine Gefahr mehr bestand, daß überkommende See in die großen Decksöffnungen schlug, gab Kapitän Briggs daher Befehl, die Lukendeckel abzunehmen. Sogar die Uhrzeit der nun folgenden Vorfälle läßt sich einigermaßen eingrenzen. Da das Frühstück bereits verzehrt worden war, was üblicherweise vor dem Wachwechsel um acht Uhr geschah, andererseits aber die Betten im Salon der Kapitänsfamilie noch nicht gemacht waren, kann man eine Zeit zwischen acht und neun Uhr morgens annehmen. Denn eine mitreisende Kapitänsfrau, die zu Hause in ihrer puritanischen Umgebung als vorbildliche Hausfrau galt und auf See keine festen Aufgaben hatte, wird die Betten sicherlich nicht den ganzen Vormittag unordentlich liegen lassen, sondern gleich nach dem Frühstück gemacht haben.

Mit dem Vorbereiten zum Lüften des Laderaumes begannen zwei Mann bei der Achterluke. Sie nahmen zunächst die verschalkte Persenning ab und hoben dann die einzelnen hölzernen Deckel hoch, die sie an der Reling ordentlich ablegten. Den Geruch von Alkoholdämpfen müssen sie dabei nicht wahrgenommen haben, denn der achterlich einfallende Wind hat die Alkoholwolke möglicherweise gleich ins Vorschiff gedrückt. Möglicherweise ist auch erst dort im Vorschiff die explosive Mischung entstanden, als die Wolke vom hereintretenden Wind verdichtet wurde. Eine Mischung, die beim geringsten Anlaß explodierte. Dämpfe von Äthylalkohol (96%) haben einen Flammpunkt von 17 Grad, sie entzünden sich bei dieser recht niedrigen Temperatur sofort, wenn ein Funke entsteht. Einen solchen Funken hätten die Eisenreifen der Fässer erzeugen können, als sie gegeneinanderschlugen. Offenes Licht wird die Mannschaft bei der Ladungsinspektion einer so gefährlichen Ladung wohl kaum verwendet haben. Aber selbst wenn kein offener Funken entstand, reichte eine starke Wärmequelle aus, um auch ohne offene Flamme oder Funkenbildung eine Explosion herbeizuführen. Die Zündtemperatur von Alkohol liegt bei 300 bis 450 Grad. Sie könnte schon entstanden sein, als die hölzernen Faßwände im Seegang auf den Pallhölzern rieben.

Aus heutiger Sicht beging die Mannschaft den entscheidenden Fehler, als sie das achtere Luk zuerst öffnete. Denn Alkoholdämpfe, die schwerer als Luft sind, sich also am Boden des Laderaumes gesammelt hatten, wurden von dem achterlich eintretenden Luftzug aufgewirbelt, in den vorderen Teil des Laderaumes gedrückt und haben sich dort zu einer explosiven Mischung verdichtet. Die untere Explosionsgrenze von Alkoholdämpfen liegt bei 3,5 Prozent, die obere Explosionsgrenze bei 15 Prozent Sättigung der Atmosphäre. Es bedurfte also nur einer geringen Konzentration, um die MARY CELESTE zu einem schwimmenden Explosionsherd zu machen. Hätte die Mannschaft dagegen zuerst das Vorluk geöffnet und dann das Achterluk, so hätten sich die Alkoholdämpfe verflüchtigen können, es wäre gar keine explosive Mischung entstanden.

Da auf der Hauptluke das schwere Rettungsboot gelascht war, suchte sich der Explosionsdruck nun den Weg des geringsten Widerstandes. Und der bot sich beim offenen Lukendeckel des Achterluks und der Vorluke. Zwar war auch deren Deckel dicht verschalkt, doch ausschließlich dafür konstruiert, starken Druck in Form schwerer Wellen auszuhalten, die über das Vordeck brechen konnten. Druck von innen aber gab er sofort nach und flog zur Seite.

Die Mannschaft erlebte demnach, wie plötzlich der vordere Lukendeckel mit einem heftigen Fauchen nach oben geschleudert wurde und eine bläulichgelbe Stichflamme aus der Luke schoß. Auch aus der Achterluke schoß eine Druckwelle und warf die direkt daneben stehende Kompaßsäule um, so daß ihr Glas zerbrach. Die

Seeleute mußten also glauben, die Alkoholfässer hätten Feuer gefangen und im nächsten Augenblick würde das gesamte Schiff explodieren. Zumindest bestand nach Befürchtungen des Kapitäns Gefahr, daß der Inhalt der Alkoholfässer Feuer fangen und das gesamte Schiff in Flammen aufgehen würde.

Damit wäre Kapitän Briggs' Befehl verständlich, das Schiff so schnell wie möglich zu verlassen. Zumal er in Sorge um Frau und Kind war. Eilig hatten demnach die Seeleute das Wichtigste gegriffen, das sie mit an Bord des kleinen Rettungsbootes nehmen wollten. Panikartig hatten sie das kleine Rettungsboot zum Schanzkleid gezerrt, einen Teil des Schanzkleides weggerissen und das Boot zu Wasser gebracht. Der Kapitän ging als letzter von Bord, nachdem er Chronometer, Sextanten und einige wichtige Schiffspapiere zusammengerafft hatte.

Dieses Szenario würde auch die angeblichen Einschnitte an der Steuerbord- und Backbordseite im vorderen Teil des Schiffsrumpfes jeweils einen Meter über der Wasserlinie erklären. Die gerichtlichen Untersuchungen in Gibraltar hatten ja zu diesem Befund keine einhellige Meinung ergeben – einige Besichtiger meinten, sie seien mit einem scharfen Werkzeug gemacht worden, Kapitän Shufeldt vom amerikanischen Kreuzer »Plymouth« hielt sie jedoch für Folgen von Seeschlag, also splitternde Schäden an den Kanten von Planken durch die Gewalt der See. Nun muß diese Gewalt nicht von außen gekommen sein. Es ist durchaus möglich, daß der von der Explosion erzeugte Innendruck ausreichte, um einige Planken für einen kurzen Augenblick so stark nach außen zu biegen, daß Risse entstanden. Denn ein Schiffsrumpf war ja dafür konstruiert, starken Druck von außen auszuhalten. Druck von innen mußte er normalerweise nicht standhalten.

Besonders anfällig für Druck von innen aber waren die sogenannten verlorenen Gänge der Planken. Auch hier muß man zu einer technischen Erklärung ausholen. Als Gang bezeichnet man auf einem hölzernen Schiff jede neue Plankenlage. Die Planken reichen normalerweise vom Vorsteven über den Hauptspant bis zum Achtersteven. Da das Schiff jedoch einen sogenannten Sprung hat, sein Deck also jeweils vom Hauptspant zu den Steven hin ansteigt, müßten Planken im mittleren Bereich des Schiffes immer dünner werden, was die Stärke des Rumpfes beeinträchtigen würde. Deshalb gibt es im Bereich des Vor- und des Achterschiffes einige Gänge, die nicht von vorn bis achtern durchlaufen, sondern nach einigen Metern enden. Sie werden als verlorene Gänge bezeichnet. Es könnte sein, daß die Planke eines solchen verlorenen Ganges sich bei der Explosion der Alkoholdämpfe kurz weiter nach außen bog als die übrigen Gänge, dabei die Kalfaterung aufriß, die Kanten der Planken beschädigte und so der Eindruck eines Einschnittes entstand. Tatsächlich könnte bei der damals üblichen hölzernen Bauweise ein solcher verlorener Gang etwa einen Meter über der Wasserlinie gelegen haben, was erklären würde, weshalb die sogenannten Einschnitte sich an beiden Seiten des Rumpfes in der gleichen Höhe befanden und, wie von den Sachverständigen festgestellt, zur gleichen Zeit entstanden waren. Einwandfrei belegt wäre dies aber nur, wenn man die Risse selbst in Augenschein nehmen könnte, was heute nicht mehr möglich ist. Auf jeden Fall stellten sie offenkundig keinen schwerwiegenden Schaden dar, denn nach allen heute bekannten Tatsachen lief die MARY CELESTE zu ihrer Weiterreise nach Genua aus, ohne in Gibraltar in einer Werft repariert worden zu sein. Möglicherweise wurden die »Einschnitte« von der Mannschaft einfach nur zukalfatert, was ohnehin zu den alltäglichen und vertrauten Arbeiten eines Seemannes gehört.

Diese Theorie erklärt auch, weshalb die Explosion keine sichtbaren Spuren hinterließ: Die Verpuffung der Alkoholdämpfe hatte der durch das Achterluk eingetretenen Luft innerhalb von Sekundenbruchteilen weitgehend den Sauerstoff entzogen. So konnte im Laderaum, wie bereits in dem Flaschenexperiment nachgewiesen, gar kein Brand entstehen.

Außerdem liegt der maximale Explosionsdruck von Alkohol bei 7,5 bar. Im Vergleich dazu entwickelt Benzin einen maximalen Explosionsdruck von 8,3 bar. Explodierendes Benzin hätte das Schiff regelrecht zerfetzt, auch das bereits erwähnte Flaschenexperiment sollte man nicht mit Benzin versuchen. Die Druckanstiegskurve verläuft bei Alkohol ebenfalls flacher als bei Benzin. Der Explosionsdruck baut sich also langsamer auf, besonders dann, wenn die Sättigung der Luft mit Alkoholdämpfen so gering war, daß gerade eben die untere Explosionsgrenze von dreieinhalb Prozent erreicht wurde. Außerdem konnte der Druck durch das offene Luk und den hochgesprengten Lukendeckel entweichen, ohne weitere Schäden, etwa an den vollen Alkoholfässern im Laderaum, anzurichten. Man nutzt diese Tatsache heutzutage, indem man moderne Lager- und Arbeitsplätze, an denen mit gefährlichen Gütern hantiert wird, großflächig mit Klappen ausstattet, durch die ein möglicher Explosionsdruck entweichen kann, ohne Schäden anzurichten.

Nicht erklärt wären mit diesem Szenario allerdings die Einschnitte auf dem Schanzkleid. Andererseits ist aber auch nicht erwiesen, daß sie ursächlich in Zusammenhang mit dem Verlassen des Schiffes standen.

Nachdem die Menschen auf der MARY CELESTE die Explosion erlebt hatten, brauchte Kapitän Briggs sie nicht weiter zur Eile anzutreiben. Alle haben geholfen, so schnell wie möglich das Beiboot zu Wasser zu lassen, sind eingestiegen und so schnell wie möglich vom Schiff weggerudert. Als sie dann erkannten, daß ihr Schiff gar nicht explodierte oder in Flammen aufging, waren sie bereits zu weit entfernt, um es wieder erreichen zu können.

Die Insassen des kleinen, mit zehn Menschen besetzten Bootes hatten kaum eine Überlebenschance, es sei denn, sie wären rechtzeitig von einem größeren Schiff entdeckt und an Bord genommen worden. So wie sie die MARY CELESTE verlassen hatten, waren offenkundig kaum Trinkwasser- oder Essensvorräte in das Boot gebracht worden. Die zehn Menschen mußten gegen Panik, Hunger, Durst und die nächtliche Kälte ankämpfen. Und sie waren in dem überfüllten Boot ständig davon bedroht, daß jede größere Welle es vollschlagen und kentern oder sinken lassen würde.

Gegen die Kälte konnten sie zusammenrücken und sich gegenseitig wärmen. Durst machte sich stärker bemerkbar als Hunger. Die Wasserfässer der MARY CELESTE waren von Deveau und Wright verschoben und unverstöpselt aufgefunden worden, möglicherweise hatte ein Mannschaftsmitglied also noch einen Wasservorrat abfüllen und mit ins Boot nehmen können. Das erhöhte die Überlebenschance um einige Tage. Hatten die Schiffbrüchigen jedoch kein Wasser an Bord, dann reduzierte sich ihre Überlebenschance bei einer mittleren Lufttemperatur von 21 Grad auf acht Tage, bei einer mittleren Lufttemperatur von 26 Grad auf vier Tage. Hatten die Schiffbrüchigen einen kleinen Wasservorrat für einige Tage an Bord und verhielten sie sich zudem so, wie es heute in Überlebenshandbüchern empfohlen wird, und tranken am ersten Tag nichts, da der Körper noch ausreichend Wasser gespeichert hatte, dann dürfte die Überlebenschance der zehn Menschen rein medizinisch zehn bis 14 Tage betragen haben.

Vermutlich ist das Boot von Wind und Strömung in südöstlicher Richtung abgedriftet. Von der Position aus lag die nächste Küste 750 Seemeilen entfernt. Es gab also durchaus eine Chance, einen festen Landstrich zu erreichen.

Wahrscheinlich aber haben die Insassen des kleinen Beibootes schon die ersten drei Tage nach Verlassen der MARY CELESTE nicht überlebt. Das wissen wir heute, nach Auswertung vieler Überlebensstatistiken. Denn nicht Hunger und Durst sind für Überlebende von Katastrophen auf See in der Regel tödlich, sondern Panik. Der französische Arzt Alain Bombard, der 1952 freiwillig in seinem Schlauchboot »Hérétique« 65 Tage lang von den Kanarischen Inseln über den Atlantik bis nach Barbados driftete, um seine Theorien für das Überleben in Seenot an sich selbst zu beweisen, schildert die Gefühle von

Schiffbrüchigen und bestätigt damit die Statistiken: *»Geht sein Schiff unter, glaubt der Mensch, auch sein Universum ginge unter. Weil ihm Bretter unter den Füßen fehlen, fehlen ihm zur gleichen Zeit jeglicher Mut und jegliche Vernunft. Findet er in diesem Augenblick ein Rettungsboot, ist er überhaupt nicht in Sicherheit. Er sitzt bewegungslos darin und ergeht sich in Selbstmitleid. Er lebt schon nicht mehr wirklich. Von Nacht umhüllt, von Wasser und Wind gepeitscht, von Einsamkeit, Geräuschen und Stille erschreckt, gibt er innerhalb von drei Tagen sein Leben auf...«*

Am wenigsten von dieser Panik betroffen dürfte auf dem Beiboot der MARY CELESTE die kleine, zweijährige Sophia Mathilda gewesen sein. Denn Seenotretter stellten nach Schiffskatastrophen immer wieder fest, daß Kinder unter zehn Jahren kaum anfällig für Panik waren. Sie hatten auch in schwierigen Situationen rein nach Geboten der Vernunft gehandelt. Hätte dieses Verhalten des Kindes sich beruhigend auf die anderen Schiffbrüchigen ausgewirkt, dann wären für alle einige zusätzliche Tage gewonnen gewesen. Trotzdem aber waren die Überlebenschancen für alle Bootsinsassen gering. Kanarenstrom und Nordostpassat führten sie in ein Seegebiet mit immer geringerem Schiffsverkehr. Daß nirgendwo Teile des Beibootes oder die Toten der MARY CELESTE angeschwemmt wurden, ist ebenfalls kein Wunder: Sie wären möglicherweise auf Madeira, den Kanarischen oder Kapverdischen Inseln, vielleicht sogar an der westafrikanischen Küste angeschwemmt worden, an Küstenstrichen also, die 1872 noch weitaus dünner besiedelt waren als heute.

Wäre dagegen ein zweites Boot an Bord gewesen, hätte sich die Chance erhöht, daß zumindest ein Teil der Besatzung die Katastrophe überlebt hätte. Dann wüßten wir aus Augenzeugenberichten, was an jenem Vormittag des 25. November 1872 an Bord der MARY CELESTE geschehen war.

Nachwort

Der Schriftsteller Morley Roberts hatte sich über das Fehlen von Informationen beklagt, als das *Strand Magazine* ihn im Jahre 1913 aufforderte, seine schriftstellerisch aufgearbeitete Version möglicher Vorgänge an Bord der MARY CELESTE zu schreiben. Zu jener Zeit waren die Untersuchungsergebnisse aus Gibraltar tatsächlich noch immer nicht allgemein zugänglich. Heute ist die Recherche einfacher. In der Stadtbücherei von Liverpool beispielsweise gibt es ein umfangreiches Dossier über die unglückliche Brigantine.

Schwierig ist allerdings der Umgang mit den vielen Sekundärquellen. Jede einzelne Information ist darauf zu überprüfen, ob sie frei erfunden wurde oder wirklich auf Recherche beruht.

Glossar

Achtern/achterlich
Hinten, von hinten kommend.

Anluven
Eine Kursänderung nach Luv, also gegen den Wind. Dabei müssen die Schoten, oder auf einem Rahsegler die Brassen, dichter geholt werden.

Ablandig
Bezeichnung für Winde oder Strömungen, die vom Land kommen und zur See hin gehen. Das Gegenteil bezeichnen Seeleute als auflandig.

Backbord
In Fahrtrichtung gesehen die linke Seite des Schiffes.

Backbrassen
Die Rahen werden mit Hilfe der Brassen so gedreht, daß der Wind von vorn in die Segel fällt. So bremst das Schiff gewissermaßen ab.

Bilge
Die tiefste Stelle im Rumpf, an der sich Schwitzwasser und

Leckwasser sammeln. Die Bilge muß über Pumpen regelmäßig entleert, gelenzt werden, wie der Seemann sagt.

Brassen
Leinen an beiden Enden der Rahen, mit denen diese horizontal am Mast bewegt werden können.

Brigg
Ein zweimastiges Segelschiff mit Rahen an beiden Masten.

Bugspriet
Eine über den Bug hinausreichende Spiere, an der die Vorstagen befestigt sind.

Davit
Halterung für Beiboote oder Rettungsboote, mit denen diese bei Bedarf ausgeschwenkt werden können.

Fall
Leine zum Setzen und Niederholen von Segeln.

Geitaue
Leine zum Reffen und Bergen eines Rahsegels.

Gordinge
Leinen zum Aufholen und Zusammenziehen von Rahsegeln. Geitaue und Gordinge wirken zusammen. Ein Rahsegel wird zunächst mit den Geitauen aufgegeit, bis sie bauchig unter der Rah hängen. Diesen Bauch ziehen dann die Gordinge zusammen, weshalb sie auch Bauchgordinge genannt werden.

Gut
Stehendes und laufendes (siehe dort).

Heuerbaas
Vermittler von Arbeitsplätzen auf Schiffen.

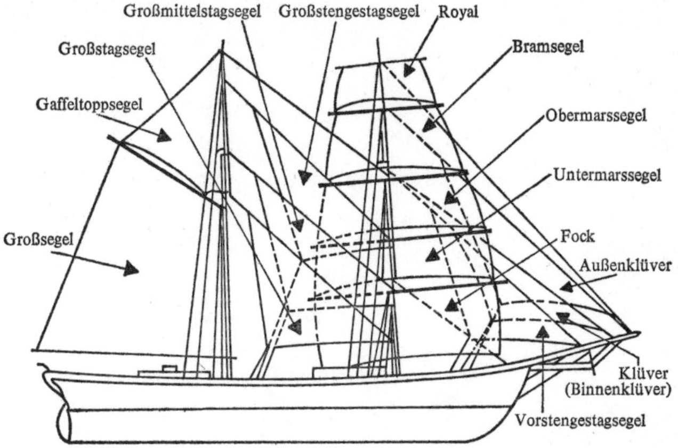

Segelplan und Decksaufsicht der MARY CELESTE

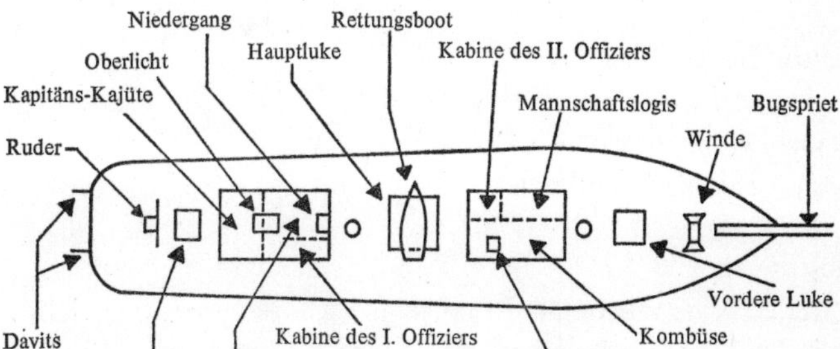

Kalfatern
Mit einem Kalfateisen wurde geteertes Werg zum Abdichten von Nähten zwischen einzelnen Plankengängen eingeschlagen. Große Öffnungen wurden zusätzlich mit Pech ausgegossen.

Klüverbaum
Eine weit über das Vorschiff hinausragende Spiere, an der die Vorsegel gefahren werden. Bei Segelschiffen des 19. Jahrhunderts konnte der K. 16 Meter lang sein.

Landfall
Das Sichten und Erkennen einer Küste von See aus. Die eindeutige Identifizierung der eigenen Position wird durch deutlich sichtbare Landmarken erleichtert.

Laufendes Gut
Alles Tauwerk auf einem Segelschiff, das zum Bedienen der Segel benutzt wird. Es hat seinen Namen, weil es durch Blöcke, Scheiben oder Rollen läuft.

Lee
Dem Wind abgewandte Seite.

Logis
Mannschaftsunterkunft.

Luv
Dem Wind zugewandte Seite.

Maat
In der Marine wurde als Maat jemand bezeichnet, der Gehilfe einer Fachkraft war. Der Erste Maat (auf englischsprachigen Schiffen first mate oder master's mate) und der Zweite Maat waren die Gehilfen des Kapitäns. Heute sagt man dazu Erster und Zweiter Offizier. Es gab aber auch Bootsmanns-, Zimmermanns- und Kochsmaate.

Niedergang
Eine Treppe vom Deck ins Innere des Schiffes.

Rack
Ein beweglicher Beschlag am Mast, der die Rah hält.

Rahsegel
Ein rechteckiges Segel, das an einer Rah genannten Spiere gefahren wird. Eine Rah ist mit einem Rack genannten Beschlag horizontal am Mast befestigt.

Schanzkleid
Plankengang in Verlängerung der Außenhaut nach oben rings um das Oberdeck. Damit sollen die Menschen an Bord geschützt und das Überkommen von Wasser verhindert werden.

Schoner
Mit einem Schonersegel getakeltes Segelschiff.

Schonersegel
Ein im Gegensatz zum Rahsegel nicht an einer Rah, sondern direkt am Mast angeschlagenes Segel. Mit Schonersegeln kann man höher anluven.

Schot
Leine zum Bedienen von Segeln.

Seeschlag
Auf das Schiff schlagende schwere Seen, die erhebliche Schäden anrichten können.

Spiere
Bezeichnung für Rundhölzer auf einem Schiff, mit Ausnahme der Masten.

Stehendes Gut
Tauwerk, das zum Befestigen der Masten, Ladebäume und anderer Spieren gehört. Es bleibt bei Segelmanövern stehen.

Steuerbord
In Fahrtrichtung gesehen die rechte Seite des Schiffes.

Stückpforten
Verschließbare Öffnungen in der Bordwand, durch die Geschützrohre in einem Gefecht herausgeschoben werden können.

Süll
Eine senkrechte, bis zu 30 Zentimeter hohe Planke um ein Luk, die Wasser ableitet, damit es nicht in das Luk strömt.

Takelage
Zusammenfassende Bezeichnung für Masten, Rahen, stehendes Gut, laufendes Gut, also alle Teile, die zum Segeln eines Schiffes notwendig sind.

Tidenhub
Der mittlere Höhenunterschied zwischen Hochwasser und dem vorausgehenden sowie nachfolgenden Niedrigwasser. Zum Vergleich mit dem Tidenhub in der Fundy-Bucht in Neuschottland, wo die »Mary Celeste« gebaut wurde und der 20 Meter beträgt: Bei Cuxhaven in der Elbmündung beträgt der Tidenhub 2, 85 Meter, an der Insel Sylt 1, 70 Meter.

Vorstag
Leine, die den Mast nach vorn hält.

Bildnachweis

Die Abbildungen sind folgenden Büchern entnommen:

Weiland Rudolf Brommy und Heinrich von Littrow:
Die Marine
Eine gemeinfassliche Darstellung des gesammten Seewesens
A. Hartleben's Verlag, Wien/Pest/Leipzig 1878

Amy Handy:
Segelschiffahrt
Delius, Klasing & Co., Bielefeld 1999

Eigel Wiese:
Meeresungeheuer, Geisterschiffe und der Klabautermann
Historika Photoverlag, Hamburg 1995

Geheimnisvolle Phänomene
Das große illustrierte Handbuch des Unerklärlichen
Moewig, Gütersloh 1994

Kurzbiographie

Am wohlsten fühlt sich Eigel Wiese, wenn er Schiffsplanken unter den Füßen hat. Muß er aber notgedrungen doch einmal an einem Schreibtisch sitzen, dann schreibt er am liebsten über Schiffe. Sein Beruf als Reporter führte ihn in mehr als 50 Länder auf allen Kontinenten, dabei nutzte er die Chance, auch fremde Segelboote kennenzulernen. So segelte er gemeinsam mit Fischern in der Karibik, der Südsee, vor Afrika und Südostasien, aber auch auf europäischen Gaffel- und Rahseglern.

Eigel Wiese lebt als freier Journalist und Schriftsteller in Hamburg. Bisher sind mehr als ein Dutzend maritimer Bücher von ihm erschienen. Dazu gehören »Männer und Schiffe vor Kap Horn« und »Sklavenschiffe«.